Cartas de la Roca

1 y 2 Pedro

Loren VanGalder

Spiritual Father Publications

Toda cita bíblica que no es anotada es de La Santa Biblia: Nueva Versión Internacional® NVI® (NVI) Copyright © 1999 by Biblica, Inc.® Used by permission. All rights reserved worldwide.

Citas anotadas (DHH) de Dios habla hoy ®, © Sociedades Bíblicas Unidas, 1966, 1970, 1979, 1983, 1996. Used by permission. All rights reserved worldwide.

Citas anotadas (LBLA) de La Biblia de las Américas, Copyright © 1986, 1995, 1997 by The Lockman Foundation.

Citas anotadas (NTV) de La Santa Biblia, Nueva Traducción Viviente, © Tyndale House Foundation, 2010. Used by permission. All rights reserved worldwide. Todos los derechos reservados.

Citas anotadas (RVR) de la Versión Reina-Valera 1960 © Sociedades Bíblicas en América Latina, 1960. Renovado © Sociedades Bíblicas Unidas, 1988. Used by permission. All rights reserved worldwide.

Copyright © 2019 by Loren VanGalder. All rights reserved.

ISBN: 978-1-7336556-4-4

Contenidos

Introducción

Que la gracia y paz de Dios se te multipliquen

1 Pedro 1:1-2

[1]Pedro, apóstol de Jesucristo, a los elegidos, extranjeros dispersos por el Ponto, Galacia, Capadocia, Asia y Bitinia, [2]según la previsión de Dios el Padre, mediante la obra santificadora del Espíritu, para obedecer a Jesucristo y ser redimidos por su sangre:

Que abunden en ustedes la gracia y la paz.

El autor no tiene que decir mucho para identificarse; todos los creyentes habían oído hablar de la relación especial de este discípulo con su Señor. Ahora es un apóstol, un representante de Jesús, enviado por Él con su autoridad. Pedro escribió esta carta entre 62 y 64 d.C., posiblemente desde Roma. En esa época, muchos cristianos fueron asesinados y torturados en la persecución del emperador Nerón; el mismo Pedro sería crucificado (al revés) durante esa persecución.

Los receptores

Tres palabras describen a los destinatarios de esta carta:

- **Elegidos**. Pedro inmediatamente entra en una controversia que no se ha resuelto en dos mil años de historia de la iglesia: el libre albedrío frente a la soberana elección de Dios. No es posible evitar o negar las muchas veces que la Biblia dice que Dios nos eligió. Hay varias maneras de entender esta doctrina, y las diversas traducciones de este versículo nos ayudan:

- DHH: *a quienes Dios el Padre había escogido anteriormente conforme a su propósito*
- RVR: *elegidos según la presciencia de Dios Padre*
- NVI: *elegidos...según la previsión de Dios el Padre*
- NTV: *Dios Padre los conocía y los eligió desde hace mucho tiempo*
- LBA: *elegidos según el previo conocimiento de Dios Padre*

Una posibilidad es que Dios ya sabía quién lo aceptaría y quién no. Dios opera fuera de nuestro concepto de espacio y tiempo. Él sabe todo el futuro, así que tiene conocimiento previo de nuestras vidas. No podemos resolver el debate aquí, pero podemos simplemente agradecer a Dios por ser elegidos; debe comunicar una seguridad y un estatus con Dios. Dios te conoce y te quiere en su familia. La mayoría de estos lectores eran judíos; ya tenían un concepto muy claro de la elección de Abraham y de Israel como el pueblo escogido de Dios. Ahora esa elección se extiende a todos los que confían en Cristo.

- **Extranjeros**. Somos peregrinos y extranjeros en este mundo y también lo eran los expatriados, que vivían fuera de su país natal. Con tanto movimiento en el mundo de hoy y los muchos refugiados, es común tener la experiencia de ser expatriado (yo soy un expatriado de los Estados Unidos que vive en Costa Rica).

- **Dispersos**. Es cierto que Dios prometió la tierra de Canaán a Abraham y sus descendientes, pero también quería que su pueblo fuese sal y luz en todo el mundo. La muerte de Esteban (registrada en Hechos 7 y 8) inició una dispersión y persecución. Ya sea enviando misioneros o dispersándose a través de una persecución, Dios quiere darles a todos la oportunidad de escuchar las buenas nuevas. Él permitió esta dispersión; la famosa "pax romana" permitió el libre tránsito en gran parte del mundo y facilitó la difusión del evangelio.

Lo único seguro para ellos (aparte de una medida de seguridad por ser parte del Imperio Romano) era su relación con Dios, ¡la que vale mucho! Vivimos con esa tensión de ser diferentes, incluso en nuestro país natal. Somos una minoría (como cristianos) y estamos sujetos a un sistema mundial bajo el dominio del maligno.

Pedro escribió a las iglesias en Asia (hoy Turquía). Pablo era el misionero más activo en Asia y el apóstol de los gentiles; él plantó la iglesia en Galacia, pero el Espíritu Santo no le permitió ir a Bitinia o Asia (Hechos 16:6 y 7).

Fueron transformados: ¿Cómo?

En el verso 2 vemos la Trinidad: Padre, Hijo y Espíritu Santo:

- El Padre nos escoge para la salvación.
- Jesús pagó el precio de nuestra salvación en la cruz.
- La obra santificadora del Espíritu nos transforma.

La NTV dice: *su Espíritu los ha hecho santos*. Son santos, no en el sentido de ser excepcionales (como en la Iglesia Católica), sino porque están separados del mundo en una nueva comunidad y purificados por la sangre de Jesús. El Espíritu Santo trabaja en nosotros para llevarnos a la salvación: nos llama y crea hambre y sed de una relación viva con Dios, luego nos guía y nos preserva en medio de un mundo hostil.

Su obra santificadora es un proceso continuo, de por vida, que nos conforma a la imagen de Jesucristo. El Espíritu nos convence del pecado, nos aconseja cómo vivir y nos da el poder de resistir la tentación y vencer el pecado.

El propósito de nuestra elección

La Biblia nos da varios propósitos para nuestra salvación, pero Pedro tiene dos en mente cuando empieza a escribir esta carta:

- **Obediencia a Jesucristo**. Servir a Jesús como Señor. Era una lección difícil para un hombre de voluntad fuerte como Pedro, pero él podría testificar que vale la pena.

- **Redención por la sangre de Jesús**. Cristo pagó el precio por nuestra rebelión y pecado y nos compró de nuestra esclavitud al diablo y a los deseos de la carne. De esa manera, restaura nuestra relación con Dios y nos limpia de todo pecado.

¿Qué papel tienen estas dos cosas en tu comprensión de lo que es ser un cristiano? ¿Estás agradecido por el sacrificio de Jesucristo que te redimió? ¿Es la obediencia a Jesús una meta seria en tu vida? Lo que no se menciona aquí (una vida más abundante, la felicidad, la prosperidad, una familia bendecida o paz personal) es una indicación de lo que es verdaderamente importante en la vida cristiana.

La bendición

¡Todo eso es la salutación! Ahora Pedro nos bendice, un comienzo común para una carta, con palabras parecidas a las bendiciones de Pablo en sus cartas: gracia y paz.

- **Gracia**. El favor inmerecido de Dios. En una situación difícil, es muy reconfortante saber que la vida cristiana no depende de nuestros esfuerzos y buenas obras, sino de la gracia de Dios. Él escoge amarnos y derramar su favor y bendición sobre nosotros. Es liberador descansar en esa gracia y dejar que Dios haga su obra mediante el Espíritu Santo.

- **Paz**. En un mundo lleno de conflictos y luchas internas, la paz sobrenatural de Dios en medio de la tormenta nos sostiene. Primero, paz con Dios, luego paz interior y paz con otras personas, incluso con nuestros enemigos.

El deseo de Pedro es que la paz y la gracia abunden en ellos, que se multipliquen. ¿Puedes decir cuál es tu experiencia? ¿O estás agradecido por unos momentos pasajeros de paz en la iglesia? Dios quiere que abunden para ti. Dios no solo quiere aumentar tu paz, sino también multiplicar su paz y gracia en tu vida.

1

Una de las muchas razones para alabar a Dios

1 Pedro 1:3-5

[3] *¡Alabado sea Dios, Padre de nuestro Señor Jesucristo! Por su gran misericordia, nos ha hecho nacer de nuevo mediante la resurrección de Jesucristo, para que tengamos una esperanza viva* [4] *y recibamos una herencia indestructible, incontaminada e inmarchitable. Tal herencia está reservada en el cielo para ustedes,* [5] *a quienes el poder de Dios protege mediante la fe hasta que llegue la salvación que se ha de revelar en los últimos tiempos.*

Es fácil leer estos tres versículos rápidamente, sin prestar atención a la riqueza de cada punto, así que seguiremos la progresión del pensamiento en forma de preguntas y respuestas (*todo en cursiva proviene de la Biblia, en varias traducciones*.)

Bendito sea el Dios y Padre de nuestro Señor Jesucristo. Que toda la alabanza sea para Dios.

Claro que Dios es digno de toda la alabanza, pero es más que cantar unas alabanzas emotivas; queremos adorarlo en verdad, sabiendo la razón de nuestras alabanzas.

¿Por qué le alabamos?

Nos ha hecho nacer de nuevo. ¿Me *hizo* nacer de nuevo? ¿No fue mi decisión? Posiblemente, pero como vimos en el versículo 2, Dios nos eligió e hizo toda la obra salvadora. Jesús dijo que tenemos que volver a ser como niños para entrar en el reino (Mateo 18:3), y Dios lo hizo posible con este nuevo nacimiento, que es la única manera de entrar en su reino (Juan 3:3). Aquí, y en el verso 23 del mismo capítulo, son las únicas veces fuera de Juan 3 donde la Biblia usa las palabras "nacer de nuevo", aunque varias veces habla de nacer "espiritualmente". Podemos empezar de nuevo, con todo hecho nuevo, como una persona nueva (2 Corintios 5:17).

¿Por qué haría Dios algo tan inmerecido?

¡Por su gran misericordia! La misericordia es "la disposición a compadecerse de los sufrimientos y miserias ajenas. Se manifiesta en amabilidad y asistencia al necesitado, especialmente en el perdón y la reconciliación" *(Wikipedia)*. Dios le da al creyente la misma habilidad para que pueda sentir compasión, empatía y amor por las personas, principalmente aquellas que sufren. Jesús dijo: *"Bienaventurados los misericordiosos, porque ellos alcanzarán misericordia"* (Mateo 5:7).

¿Cómo nos dio Dios esta salvación?

Mediante la resurrección de Jesucristo, porque Dios levantó a Jesucristo de los muertos. Para permitirnos entrar en su reino y tener una relación restaurada con Dios, algún sacrificio fue necesario. Como Dios es perfectamente justo, alguien tuvo que pagar por nuestras ofensas y pecados. El único sacrificio eficaz tendría que ser perfecto, y el único perfecto es Dios. Empezó con la muerte de Jesús en la cruz. Su resurrección nos garantiza la vida eterna y la victoria sobre el pecado y la muerte. Sin la resurrección no habría ninguna victoria ni esperanza para nosotros.

¿Cuál es el beneficio que recibimos? ¿Cuál es el propósito de Dios para nosotros?

1. *Para que tengamos una esperanza viva. Ahora vivimos con gran expectación.* Muchos de nosotros vivíamos desesperados. Nos sentimos decepcionados y desilusionados ante la esperanza vacía que el mundo nos ofreció en la riqueza y el placer. En muchos casos, nuestra esperanza había muerto. La resurrección de Cristo nos asegura que hay esperanza; quien venció a la muerte puede superar cualquier problema en la vida cotidiana. Vivir sin esperanza es un infierno viviente; con una esperanza viva podemos soportar mucho sufrimiento. Dios quiere darte una nueva esperanza para que vivas cada día con gran expectativa de lo que Dios hará.

2. *Para que recibamos una herencia.* No solo recibimos el perdón de pecados y una "mansión" en el cielo, sino también una herencia. ¿Cuándo fue la última vez que pensaste en la herencia que Dios tiene para ti? La herencia prometida a los judíos era la tierra de Canaán, pero para el cristiano, un hijo del Rey, Jesús dijo que es *"el reino preparado para ustedes desde la creación del mundo"* (Mateo 25:34).

¿Cómo es esa herencia?

He conocido a gente que esperaba una gran herencia de sus padres, pero luego una casa se incendió, el mercado de valores colapsó, las antigüedades se dañaron o hubo una pelea con sus hermanos, y no recibió nada. No hay mucha certeza acerca de las herencias en este mundo, pero nuestra herencia como hijos de Dios es:

1. *Indestructible, incorruptible.* No es de este mundo; no es material.
2. *Incontaminada, inmaculada.* Nada ni nadie puede contaminarla. Es pura y hermosa.
3. *Inmarchitable.* No va a cambiar con el tiempo; es eterna.
4. *Reservada en el cielo.* Tiene tu nombre puesto; te está esperando en el cielo.
5. Garantizada: Esta herencia es tan importante que Dios la garantiza con su Espíritu: *Fueron marcados con el sello que es el Espíritu Santo prometido. Este garantiza nuestra herencia hasta que llegue la redención final del pueblo adquirido por Dios* (Efesios 1:13-14).

Pablo habla de las dinámicas de nuestra herencia, como hijos adoptados de Dios, en Gálatas 4:1-7:

En otras palabras, mientras el heredero es menor de edad, en nada se diferencia de un esclavo, a pesar de ser dueño de todo. Al contrario, está bajo el cuidado de tutores y administradores hasta la fecha fijada por su padre. Así también nosotros, cuando éramos menores, estábamos esclavizados por los principios de este mundo. Pero, cuando se cumplió el plazo, Dios envió a su Hijo, nacido de una mujer, nacido bajo la ley, para rescatar a los que estaban bajo la ley, a fin de que fuéramos adoptados como hijos. Ustedes ya son hijos. Dios ha enviado a nuestros corazones el Espíritu de su Hijo, que clama: «¡Abba! ¡Padre!» Así que ya no eres esclavo, sino hijo; y, como eres hijo, Dios te ha hecho también heredero.

¿Quién recibe estas bendiciones?

1. Nosotros (*ustedes*), cada creyente. Pero no todos van a alcanzar la meta de llegar al cielo para reclamar su herencia.

Hay enemigos que nos atacan para destruirnos y robarnos, pero Dios también tiene una provisión para esa amenaza:

2. *Los que el poder de Dios protege.* Sin esta protección, es muy probable que caiga y lo pierda todo. No hay duda de que Dios tiene el poder de protegernos, pero aquí llegamos a nuestra parte, y esa parte puede resultar delicada.

¿Cómo aprovechas esa protección?

Mediante la fe. Toda la vida cristiana es por la fe. Ya hemos visto qué hace Dios por nosotros y veremos muchas más cosas en esta carta, pero debemos mantener la fe. Las dudas nos asediarán y nuestra fe será atacada desde todos lados, pero debemos perseverar en nuestra fe en Dios y en su Palabra.

¿Hasta cuándo?

Hasta que llegue la salvación. Ya somos salvos, pero no hemos experimentado la plenitud de esa salvación, la manifestación de todo lo que significa esa fe.

¿Cuándo llegará la plenitud de nuestra salvación?

Está lista para ser revelada en el día final, a fin de que todos la vean. Se ha de revelar en los últimos tiempos. Para muchos, no será sino hasta la muerte. Cuando Cristo vuelva para establecer su reino, recibiremos nuestra herencia, la redención de nuestros cuerpos y la recompensa que Dios ha preparado para nosotros.

¡Estas son buenas nuevas! En todas las tribulaciones de esta vida, tenemos que concentrarnos en la gran obra que Dios ha hecho por nosotros, porque a veces puede parecer un sueño.

2

Cómo sobrevivir y prosperar en las pruebas

1 Pedro 1:6-25

Hay ocasiones en las que leemos la Palabra de Dios y meditamos en todas las bendiciones de nuestra salvación, pero no concuerda con nuestra experiencia actual. Incluso podrías dudar de tu salvación o pensar que podrías haber perdido esa bendición por algún pecado. Los creyentes que recibieron esta carta habían experimentado mucha aflicción y vivían con esa tensión.

Sufrir en diversas pruebas

[6] *Esto es para ustedes motivo de gran alegría, a pesar de que hasta ahora han tenido que sufrir diversas pruebas por un tiempo.*

Reflexionando sobre las bendiciones en la primera parte del capítulo, ¿te llena de alegría todo lo que Dios ha hecho por ti? Dice que *"hasta ahora"* han sufrido; puede ser que ellos hayan aceptado al Señor y nunca hayan tenido una "luna de miel" libre de problemas, pero sufrieron persecución y otras "diversas pruebas". Gracias a Dios, es solo *"por un tiempo"*. Dios puede permitírselas, pero Él también puede salvarlos y liberarlos de las pruebas.

¿Por qué fueron perseguidos los cristianos?

- No adoraban al emperador como un dios.

- No adoraban en los templos paganos; así, los negocios en ellos perdían dinero.
- Rechazaron la inmoralidad de la cultura pagana.

¿Crees que tus pruebas nunca terminarán? La RVR dice que están "*afligidos*" por tantas pruebas. ¿Estás sufriendo y afligido por ellas ahora? Es posible regocijarse en medio de las pruebas cuando llenas tus pensamientos de las cosas gloriosas que Dios tiene preparadas para ti.

Refinados en el fuego

7 El oro, aunque perecedero, se acrisola al fuego. Así también la fe de ustedes, que vale mucho más que el oro, al ser acrisolada por las pruebas demostrará que es digna de aprobación, gloria y honor cuando Jesucristo se revele.

¡Qué día glorioso cuando Jesús se revele! Todas estas pruebas serán como nada cuando recibas alabanza, gloria y honor por la demostración de tu fe pura y fuerte. Esta vida es un proceso, como el de refinar el oro. Puedes estar pasando por el fuego, pero Dios sabe lo que Él hace. *Estas pruebas demostrarán que su fe es auténtica* (NTV). Es mejor tener tu fe (que es tan preciosa como el oro) probada ahora que ser revelada como no auténtica cuando Cristo venga. Dios utiliza las pruebas para tu beneficio, porque *sabemos que Dios dispone todas las cosas para el bien de quienes lo aman, los que han sido llamados de acuerdo con su propósito* (Romanos 8:28). Las pruebas nos producen paciencia y perseverancia (Romanos 5:3, 4; Santiago 1:2, 3).

¿Dónde estás en este proceso de purificación de tu fe? ¿Estás en el fuego ahora? ¿Qué revela ese fuego sobre ti?

Un gozo indescriptible

8 Ustedes lo aman a pesar de no haberlo visto; y, aunque no lo ven ahora, creen en él y se alegran con un gozo indescriptible y glorioso, [9] pues están obteniendo la meta de su fe, que es su salvación.

Eres salvo en el momento en que aceptas a Jesús, pero parte de este proceso es permanecer y crecer en tu fe, y someterla a prueba. Experimentarás cada vez más las riquezas de esa salvación en tu relación con Cristo, que te llena de un gozo grande y glorioso que no puedes expresar con palabras. Eso (no la prosperidad ni la felicidad) es el objetivo de tu fe.

Andamos por fe, no por vista. Pedro es un testigo fiel de Jesús; había visto a Jesús y caminaba con Él, pero no es necesario verlo para amarlo. Amarlo sin verlo es la verdadera fe que las pruebas fortalecen y conduce a una relación íntima y gozosa con Él. El amor, la fe y el gozo caracterizan la vida del cristiano.

Más privilegiados que los profetas y los ángeles

[10] Los profetas, que anunciaron la gracia reservada para ustedes, estudiaron cuidadosamente esta salvación. [11] Querían descubrir a qué tiempo y a cuáles circunstancias se refería el Espíritu de Cristo, que estaba en ellos, cuando testificó de antemano acerca de los sufrimientos de Cristo y de la gloria que vendría después de estos. [12] A ellos se les reveló que no se estaban sirviendo a sí mismos, sino que les servían a ustedes. Hablaban de las cosas que ahora les han anunciado quienes les predicaron el evangelio por medio del Espíritu Santo enviado del cielo. Aun los mismos ángeles anhelan contemplar esas cosas.

Los profetas no solo recibieron visiones y revelaciones, sino que también estudiaron diligentemente la Palabra de Dios. Ya habían visto, por medio del Espíritu Santo, algunos de los sufrimientos del Mesías y la gloria que vendría después. Querían saber más detalles: ¿cuándo y bajo qué circunstancias? Es la naturaleza de la profecía ver solo sombras, por espejo, oscuramente. Ellos hablaron en parte, pero ahora el Espíritu inspira a los apóstoles y otros siervos del Señor a anunciar el plan de Dios y el cumplimiento de las profecías del Antiguo Testamento. ¡Esos profetas fieles querían experimentar lo que nosotros damos por sentado! Pero Dios les dijo que los mensajes que habían recibido no eran para ellos, sino para nosotros. ¡Qué pena para esos profetas fieles! ¡Incluso los ángeles anhelan contemplar estas cosas! Para nosotros hay mucho valor en el estudio de los profetas del Antiguo Testamento.

¿Cómo deberías responder a esta maravilla?

No son solo doctrinas bonitas ni cosas que confesamos intelectualmente. Esta realidad del nuevo nacimiento y la obra de Dios en ti deberían revolucionar la vida cotidiana. Dios ha hecho su trabajo; ahora, a pesar de las pruebas y el sufrimiento, tú debes responder con fe y hacer tu parte.

[13] Por eso, dispónganse para actuar con inteligencia (ceñid los lomos de vuestro entendimiento); tengan dominio propio (usen de su buen juicio; sed sobrios); pongan su esperanza completamente en la gracia que se les dará cuando se revele Jesucristo.

Aquí hay tres cosas que hacer, frente a las pruebas y tentaciones de esta vida:

1. **Actuar con inteligencia.** ¿Significa eso que a veces actuamos tontamente? ¡Podría ser! Las diversas traducciones ofrecen perspectivas muy distintas. Por ejemplo, la Biblia de las Américas dice *"Ceñid vuestro entendimiento para la acción"*, y la NTV: *"Preparen su mente para actuar"*. Pedro te llama a la acción, pero es una acción sabia y bien pensada, que aprovecha las facultades que Dios te ha dado para navegar por las dificultades. A veces es tentador detenerse y paralizarse, pero debes tomar la decisión de superar el temor y la incertidumbre, reflexionar

cuidadosamente sobre lo que la Biblia dice y sobre lo que has aprendido sobre la vida cristiana, y actuar.

2. **Tener dominio propio**. La verdad es que en el pasado a menudo actuábamos apresuradamente, impulsivamente. No ejercíamos buen juicio. En estos días postreros, en un mundo muy secular que no reconoce la autoridad de Dios ni su Palabra (o en medio de la persecución), no hay tiempo ni lugar para tomar decisiones necias. Por ejemplo, la tentación de la pornografía en Internet es tan fuerte que, sin dominio propio, muchos caen en esa trampa. Todavía puedes disfrutar de la vida, pero ya no puedes vivir la vida loca, sino la vida en Dios.

3. **La esperanza puesta en Jesús**. En estas circunstancias, no puedes poner tu esperanza en el éxito, la riqueza, las cosas materiales ni en la gente de este mundo. Todas esas cosas te dejarán decepcionado. Cristo es tu única esperanza, pero Pedro sabe que a menudo parece un sueño. Para ser "esperanza", tiene que ser algo que esperamos, algo que no forma parte de la experiencia actual; es la gracia de Dios que recibiremos cuando Cristo se manifieste.

Hijos obedientes y santos

14 Como hijos obedientes, no se amolden a los malos deseos que tenían antes, cuando vivían en la ignorancia. 15 Más bien, sean ustedes santos en todo lo que hagan, como también es santo quien los llamó; 16 pues está escrito: «Sean santos, porque yo soy santo».

Muchos creen que el cristianismo es muy rígido y nos esclaviza con sus muchas reglas; los incrédulos se ven a sí mismos como libres de vivir como quieran, pero Cristo dijo que el que peca es esclavo del pecado (Juan 8:34). La verdad es que todo el mundo está moldeado por algo; en muchos casos, son los medios de comunicación, la cultura, los amigos o (lo que dice Pedro aquí) tus propios malos deseos. Todo eso tiene que cambiar cuando estemos iluminados y podamos ver con claridad el final de esa vida. La verdad es que la gente del mundo vive en la ignorancia; todos vivíamos así. ¿Puedes reconocer los "malos deseos" de tu naturaleza pecaminosa y los que el mundo te anima a satisfacer? ¿Sigues siendo moldeado por ellos?

Pablo habló del mismo tema en Romanos 12:1-2:

Por lo tanto, hermanos, tomando en cuenta la misericordia de Dios, les ruego que cada uno de ustedes, en adoración espiritual, ofrezca su cuerpo como sacrificio vivo, santo y agradable a Dios. No se amolden al mundo actual, sino sean transformados mediante la renovación de su mente. Así podrán comprobar cuál es la voluntad de Dios, buena, agradable y perfecta.

La nueva vida empieza por ofrecer el cuerpo como sacrificio vivo a Dios y por renovar la mente con la Palabra de Dios. Reconocemos el molde del mundo y elegimos otro rumbo, para ser moldeados por la Palabra y el Espíritu de Dios. Solo entonces podrás aprender cuál es la voluntad de Dios para ti; contrariamente a lo que muchos en el mundo creen, su voluntad es buena, agradable y perfecta.

La meta es muy alta: ser santo, como Dios es santo; no solo en la iglesia, sino en todo lo que haces. *Somos* santos, y esa identidad debe impactar toda la vida, para andar como santos. Jesucristo es nuestro modelo y ejemplo de una vida santa.

Un juicio venidero

Si el deseo de agradar a Dios y experimentar su plan perfecto y agradable no es motivación suficiente, Pedro nos recuerda que hay un juicio venidero:

[17] Ya que invocan como Padre al que juzga con imparcialidad las obras de cada uno, vivan con temor reverente mientras sean peregrinos en este mundo.

Pedro ya ha hablado de varias maneras en que somos diferentes del mundo; ahora dice que somos peregrinos. ¿Sabes qué es tener un temor reverente hacia Dios? Si andas con rectitud delante de Dios, no hay nada que temer en el juicio. De hecho, el día del juicio revelará todas tus buenas obras y recibirás una corona. Tenemos una relación íntima con Dios; Él es nuestro Padre. Pero no hay acepción de personas ante Dios; tú puedes ser su hijo, pero Él juzga a todos con imparcialidad. Si has aceptado a Cristo como Señor y Salvador, puedes estar seguro de tu salvación, pero el Padre también juzgará tus obras. ¿Cómo crees que ese juicio te saldrá?

La preciosa sangre de Jesús

[18] Como bien saben, ustedes fueron rescatados de la vida absurda
que heredaron de sus antepasados. El precio de su rescate no se
pagó con cosas perecederas, como el oro o la plata, [19] sino con la
preciosa sangre de Cristo, como de un cordero sin mancha y sin
defecto. [20] Cristo, a quien Dios escogió antes de la creación del
mundo, se ha manifestado en estos últimos tiempos en beneficio
de ustedes. [21] Por medio de él ustedes creen en Dios, que lo
resucitó y glorificó, de modo que su fe y su esperanza están
puestas en Dios.

La fuente de tu confianza es Cristo; Él pagó el precio de tu redención con su propia sangre. Dios ya lo escogió antes de la creación del mundo para ser ese cordero perfecto y morir en la cruz como sacrificio por tus pecados.

Tú vivías una vida absurda, pero no es culpa tuya; la heredaste de tus antepasados. A veces, la familia no entiende por qué tienes que rechazar esa forma de vida, pero ahora sabes que es una vida vacía, vana y sin sentido. Jesús te rescató de esa vida; ahora toda tu esperanza está en Él.

Ámense los unos a los otros de todo corazón

22 Ahora que se han purificado obedeciendo a la verdad y tienen un amor sincero por sus hermanos, ámense de todo corazón los unos a los otros.

Pedro ha presentado un contraste muy claro entre la vida vieja del mundo y la nueva vida en Cristo. Es tan radical que tienes que nacer de nuevo para entrar en ella. Cuando escuchas la verdad del evangelio y la obedeces con fe, Dios te purifica y te llena de un amor sincero. El amor que conocías en el pasado a menudo era muy egocéntrico y se centraba en beneficiarte a ti mismo; el amor que Dios nos da debe impactar en toda tu vida. Dios nos manda a amarnos de todo corazón los unos a los otros.

Somos familia

Varias veces en este primer capítulo nos hemos visto en familia:

- El amor por nuestros muchos hermanos (v. 22).
- Dios como nuestro Padre (vv. 3 y 17).
- Nacidos de nuevo en su familia (vv. 3 y 23).
- Somos sus hijos obedientes (v. 14).

La Palabra permanece para siempre

23 Pues ustedes han nacido de nuevo, no de simiente perecedera,
sino de simiente imperecedera, mediante la palabra de Dios que
vive y permanece. 24 Porque

«todo mortal es como la hierba,
y toda su gloria como la flor del campo;
la hierba se seca y la flor se cae,
25 *pero la palabra del Señor permanece para siempre».*

Y esta es la palabra del evangelio que se les ha anunciado a ustedes.

Pedro cita Isaías 40:6-8 para compararnos con la debilidad de la hierba y la flor. La palabra de Dios es viva y eficaz. Solo su palabra (y nuestras almas) permanecen para siempre; es la semilla, y tú tienes el gran privilegio de sembrarla y anunciarla. Esa es la simiente imperecedera. ¿Estás esparciendo esa semilla? ¿La Palabra de Dios ocupa el lugar que merece en tu vida diaria?

Sin el nuevo nacimiento, es imposible escapar de la vida absurda y loca del pasado. ¿Has nacido de nuevo? ¿Dónde estás en este proceso de santificación?

3

Un sacerdocio santo

1 Pedro 2:1-10

Dios hizo un milagro más grande que resucitar a un muerto, curar el cáncer o liberar a un endemoniado: pagó el precio de tus pecados, te adoptó como su hijo y te dio una herencia en su reino. Ahora, ¿qué tienes que hacer tú? Porque es cierto: tú también tienes tu parte en respuesta a este milagro.

Algo para desechar

1Por lo tanto, abandonen toda maldad y todo engaño, hipocresía, envidias y toda calumnia.

Primero, hay cosas de tu vida vieja que simplemente no tienen lugar en esta nueva vida. Pedro nombra solo cinco aquí. ¿Siguen formando parte de tu vida?

- Maldad (mala conducta, malicia)
- Engaño
- Hipocresía
- Envidias
- Calumnia (difamación, detracciones, chismes, comentarios hirientes)

¿Añadirías otras cosas de las que tienes que deshacerte? Esta es la parte negativa que te limpiará y permitirá que la Palabra de Dios caiga en tierra fértil y crezca. Lo interesante de esta lista es que no incluye pecados frecuentemente señalados, como fumar, fornicar o tomar. No damos mucha importancia a la envidia, la calumnia y los chismes, pero son importantes para Dios.

Muchos están acostumbrados a pensar en el cristianismo como una lista interminable de cosas prohibidas, pero Pedro no quiere imponernos esas reglas. A la luz de nuestro perdón, adopción y herencia, estas cosas de la naturaleza pecaminosa simplemente no tienen atracción. ¡Con mucho gusto abandonamos lo que solo nos destruyó a nosotros y a nuestras familias!

Prepárate para crecer

2 Deseen con ansias la leche pura de la palabra, como niños recién
nacidos. Así, por medio de ella, crecerán en su salvación, 3 ahora
que han probado lo bueno que es el Señor.

Si has experimentado algo de la bondad de Dios y has saboreado su salvación, sabes lo bueno que es y quieres más. Todos empezamos como niños recién nacidos cuando aceptamos a Cristo y nacemos de nuevo como criaturas nuevas, pero tenemos que crecer. Qué triste es ver a un creyente a quien Dios salvó hace diez o veinte años y que no ha crecido; se queda en pañales.

Lo que produce crecimiento es la leche pura de la palabra de Dios. Así como un bebé clama por la mamá y la leche, tenemos que desear y buscar la palabra. La NTV dice: *Pidan a gritos ese alimento nutritivo*. La naturaleza de la Palabra de Dios es que cuanto más la tomas, más la quieres. ¿Qué parte tiene la Palabra en tu vida? ¿Deseas con ganas esa leche? Sin esa leche, un bebé muere. ¿Cómo te ha ayudado a crecer en tu salvación en el pasado? ¿Estás recibiendo alimento diario de la Palabra? Me impresiona la cantidad de cristianos que casi no abren su Biblia.

Piedras vivas en una casa espiritual

4 Cristo es la piedra viva, rechazada por los seres humanos, pero
escogida y preciosa ante Dios. Al acercarse a él, 5 también ustedes

son como piedras vivas, con las cuales se está edificando una casa espiritual. De este modo llegan a ser un sacerdocio santo, para ofrecer sacrificios espirituales que Dios acepta por medio de Jesucristo.

Tú tienes una relación personal con Cristo; ahora debes acercarte a Él, sabiendo que Él es escogido y precioso ante su Padre, aunque fue rechazado en esta tierra por su propio pueblo. Qué triste, y cuánto le duele al Padre.

Pedro lo llama una piedra viva, pero luego dice algo radical: nosotros también somos piedras vivas. La salvación no es solo individual; una parte integral de ser salvo es formar parte de una casa espiritual. Dios te coloca como una piedra en el muro de esa casa, donde te relacionas con las demás piedras vivas. Los edificios no están vivos y no son muy importantes para Dios. Nosotros invertimos enormes cantidades de tiempo, energía y dinero en nuestros templos y edificios; lo que interesa a Dios es la casa espiritual.

En griego, es un mandato: ***sean** edificados como casa espiritual y sacerdocio santo.* No es opcional, solo para algunos cristianos súper espirituales o los más entregados a la iglesia. Una piedra (como un miembro del cuerpo) es inútil sin las demás. ¿Está tu piedra colocada en una casa espiritual? ¿Estás experimentando una rica comunión con las demás piedras? ¿Es una casa que glorifica a Dios?

Sacrificios aceptables a Dios

En el Antiguo Testamento, los sacerdotes ofrecían sacrificios. Pedro se refiere al antiguo pacto, pero hay cambios muy importantes en el culto a Dios. Ya no tenemos que sacrificar corderos ni otros animales, pero Dios todavía exige sacrificios y los sacerdotes aún los ofrecen. Pero los sacerdotes somos todos nosotros; somos parte de un sacerdocio real. Eso es un privilegio y una gran responsabilidad. Pablo habla de nosotros como sacrificios vivos (Romanos 12:1); aquí, Pedro habla de sacrificios espirituales que deben ser aceptables ante Dios. Muchas personas hacen sacrificios pensando que pueden obligar a Dios a actuar o a obtener la aprobación de los hombres. Los sacrificios realizados con un corazón impuro y pecaminoso, o por motivos erróneos, no son aceptables ante Dios. El Antiguo Testamento menciona que Dios rechazó los sacrificios exigidos por la ley porque su pueblo estaba en pecado. El sacrificio supremo fue el de Jesucristo en la cruz. El sacrificio de nosotros mismos es lo que más agrada a Dios: entregar la vida por nuestros hermanos o esposas, sacrificar nuestra comodidad y nuestro tiempo, y negarnos a nosotros mismos en beneficio de otros. Todo lo que hacemos en el nombre de Jesucristo puede ser un sacrificio a Dios: servicio, alabanzas y acciones de gracias.

¿Tienes esa autoimagen de sacerdote? Dice que *llegas a ser* ese sacerdote por medio de tu participación en la iglesia, junto con las otras piedras vivas y los demás sacerdotes. Ofrecer sacrificios a Dios es una posición muy alta, santa y privilegiada; es un lugar de intimidad con Dios. ¿Cómo te va como sacerdote? ¿Hay algo que puedas hacer para integrarte mejor con las otras piedras vivas?

La piedra principal

6 *Así dice la Escritura:*

«Miren que pongo en Sión
una piedra principal escogida y preciosa,
y el que confíe en ella
no será jamás defraudado».

7 *Para ustedes los creyentes, esta piedra es preciosa; pero para los incrédulos,*

«la piedra que desecharon los constructores
ha llegado a ser la piedra angular»,

[8] *y también:*

«una piedra de tropiezo
y una roca que hace caer».

Tropiezan al desobedecer la palabra, para lo cual estaban destinados.

Es interesante que Pedro hable tanto de piedras. Jesús le dio el nombre nuevo de "Pedro", que significa "roca". Su confesión de Cristo como Señor es la roca sobre la que Cristo edifica su iglesia.

Pedro cita aquí las profecías de Isaías (8:14 y 28:16) y los Salmos (118:22) para confirmar el cumplimiento de las profecías del Antiguo Testamento. La iglesia no cancela la herencia judía, sino que la cumple. La piedra principal, la piedra angular de esta casa, es Jesús, colocada por el Padre como fundamento y cabeza. Esta piedra es preciosa para su Padre y para nosotros, pero el mundo no la acepta ni la valora ni puede entender la importancia que le damos, y la desecha.

Para el mundo y para otras religiones, el problema casi siempre es Jesús. Si hablamos de "Dios" en términos genéricos, no tienen mucho problema, pero Jesús es una piedra de tropiezo que los hace caer. Para ellos, Cristo es un escándalo; así era también para los judíos en el tiempo de Jesús. Tropiezan debido a su rebelión; no quieren obedecer la palabra, y quienes la desobedecen están destinados a tropezar. Existe una estrecha conexión entre la incredulidad y la desobediencia, así como la fe y la obediencia están relacionadas. Una parte integral de ser una piedra viva en esa casa espiritual es tener hambre de la palabra, alimentarse de ella y obedecerla.

¿Confías en esta piedra? La preciosa promesa aquí es que luego jamás serás defraudado ni avergonzado.

Quién eres

[9] Pero ustedes son linaje escogido, real sacerdocio, nación santa, pueblo que pertenece a Dios, para que proclamen las obras maravillosas de aquel que los llamó de las tinieblas a su luz admirable. [10] Ustedes antes ni siquiera eran pueblo, pero ahora son pueblo de Dios; antes no habían recibido misericordia, pero ahora ya la han recibido.

Ha habido una transformación milagrosa. Antes, no éramos un pueblo, especialmente nosotros, los gentiles. Nuestra rebelión y pecado nos hicieron enemigos de Dios. No habíamos recibido misericordia. Estábamos en las tinieblas. No éramos nada. Pero, ahora, Dios nos llamó a su luz admirable, y, en Cristo, todo ha cambiado:

- Hemos recibido misericordia de Dios.
- Somos el pueblo de Dios, un pueblo que pertenece a Él.
- Somos un linaje escogido.
- Somos un real sacerdocio.
- Somos una nación santa.

¿Y cuál es el propósito de Dios para esta gran salvación? ¡Para proclamar sus obras maravillosas y las virtudes de Dios al mundo entero!

Como sacerdotes, reflejando la santidad de Dios y de nuestro Sumo Sacerdote, ofrecemos sacrificios espirituales, intercedemos por los demás ante Dios y proclamamos quién es nuestro Dios. Estas ofrendas y sacrificios pueden ser nuestros cuerpos (Romanos 12:1), dinero o bienes materiales (Filipenses 4:18), alabanzas (Hebreos 13:15) o buenas obras (Hebreos 13:16).

A lo largo del Antiguo Testamento, Dios expresó una y otra vez su deseo de tener un pueblo, empezando con Abraham y luego con el establecimiento de la nación de Israel. Por desgracia, Dios siempre estaba desilusionado, pero ahora, finalmente, tiene a su pueblo en nosotros.

Mira de nuevo quién eres, según la Palabra de Dios. Es mucho más importante que tus tareas, éxitos, riquezas o estudios. ¿Está tu identidad basada en esta verdad? ¿Tienes esa autoimagen? Nota nuevamente la naturaleza corporativa de quienes somos: un pueblo, un real sacerdocio y una nación santa. No es posible experimentar lo que Dios quiere para nosotros solos, en casa, mirando un culto en la tele.

4

La vida de un peregrino y extranjero

1 Pedro 2:11-25

Una conducta ejemplar

[11] Queridos hermanos, les ruego como a extranjeros y peregrinos en este mundo que se aparten de los deseos pecaminosos que combaten contra la vida. [12] Mantengan entre los incrédulos una conducta tan ejemplar que, aunque los acusen de hacer el mal, ellos observen las buenas obras de ustedes y glorifiquen a Dios en el día de la salvación.

Pedro empieza esta porción con palabras cariñosas (en griego y en la RVR, simplemente "amados"). Él tiene el corazón de un padre y ama a la iglesia, pero, como padre, también tiene algunas palabras duras para compartir con ellos. Acaba de hablar de nuestro estado bendito (sacerdocio real y nación santa). Es tentador para el predicador sacar esos versículos bonitos e ignorar la enseñanza dura, como la que veremos en esta porción. El estudio de todo un libro es importante para discernir el corazón completo de Dios. Con esta introducción, Pedro los prepara para la "comida sólida" de estos capítulos.

No estamos en casa; vivimos como extranjeros en un mundo bajo el dominio del maligno. Pero al mismo tiempo, este es el lenguaje de la guerra y esta guerra no es contra el mundo. Es una lucha interior por la misma vida o, como dice la RVR, por el alma. Tenemos la persecución de los incrédulos y los ataques del diablo, pero también nuestra carne, la vieja naturaleza con sus deseos pecaminosos, combate contra la naturaleza redimida en Cristo. ¡Es una situación muy difícil!

El mundo no puede entender esta nueva vida. Somos peregrinos y extranjeros, parte de un pueblo nuevo. Tenemos que andar en santidad, porque Dios es santo. Ya no tenemos nuestra ciudadanía en un país terrenal. ¿A veces te sientes extraño, diferente, como si no encajas en este mundo (incluso en tu iglesia o en tu familia)? En esta tierra, solo estamos en el camino hacia nuestro hogar celestial. Muchos han tenido la experiencia de emigrar a otro país y vivir allí como extranjeros. Así somos en este mundo: extranjeros. Si te sientes muy cómodo en este mundo, puede que tu corazón esté envuelto en las cosas del mundo y que no estés caminando en santidad.

En el mundo y en la carne, en la vida vieja sin Cristo, es natural tener deseos pecaminosos. Es posible que hayas estado cumpliendo esos deseos durante mucho tiempo y que aún luches contra ellos. Ahora debes rechazarlos y resistir esa tentación para mantener tu santidad como verdadero sacerdote. Es más fácil esconderse en la iglesia y en la comunidad cristiana, pero Dios nos llama a vivir entre los incrédulos. Como extraños en un pueblo pecador, debemos ser sal y luz.

El mundo siempre nos mira y espera más de nosotros que de los inconversos. Si no hay diferencia en nuestro estilo de vida, arruinamos nuestro testimonio, no hay motivación para que ellos acepten a Cristo y traemos vergüenza al nombre de Cristo. Es posible que murmuren contra ti como un malhechor, pero es muy importante que nunca les des un motivo para sus acusaciones, sino que, más bien, los hagas callar con tus buenas obras.

Por desgracia, hay algunos cristianos que se comportan como santos en la iglesia y con sus hermanos cristianos, pero en casa o en el trabajo es otra historia. Tienen dos caras. Tratan de servir a dos amos y Cristo dice que eso es imposible (Mateo 6:24). ¿Alguna vez has tenido esa lucha interior? No hay paz. Estás miserable como cristiano, sin el gozo del Señor, pero tampoco disfrutas de los placeres del mundo como antes. Sí, todavía hay deseos mundanos que luchan contra el alma; ¡aléjate de ellos!

¿Puedes decir que tu comportamiento entre los incrédulos es ejemplar? ¿Tendrían alguna base para murmurar en tu contra y acusarte de hacer el mal? ¿Cómo son tus buenas obras? ¿Tu vida trae gloria y honra a Jesús, para que ellos puedan glorificar a Dios? ¿Conoces a alguien cuya conducta sea ejemplar y que glorifique a Dios mediante sus buenas obras?

Sumisión a toda autoridad humana

13 Sométanse por causa del Señor a toda autoridad humana, ya sea al rey como suprema autoridad, 14 o a los gobernadores que él envía para castigar a los que hacen el mal y reconocer a los que hacen el bien. 15 Porque esta es la voluntad de Dios: que, practicando el bien, hagan callar la ignorancia de los insensatos.

Aquí Pedro introduce una palabra clave a lo largo de toda su carta: sumisión. Es difícil para nosotros someternos a Dios; la naturaleza pecaminosa es rebelde y quiere estar a cargo. No quiere someterse a nadie. Pero debemos honrar a las autoridades de la tierra; la NTV dice: "*por amor al Señor*". Aunque es difícil, el amor de Cristo nos motiva y nos da el poder de someternos mediante nuestra relación con Él y nuestra nueva naturaleza. El llamado aquí puede parecer extremo: someterse a toda autoridad humana. Pedro da el ejemplo de un rey, como máxima autoridad, y de todos los gobernadores que actúan con autoridad delegada. Si un gobierno funciona bien, esas autoridades castigan a los malhechores y honran a quienes hacen el bien. En nuestra situación actual, el castigo parece ser más frecuente (a veces sin mucha justicia) que la honra. Debemos alentar a los líderes a hacer ambos, reconociendo a quienes hacen el bien.

Otra vez, el fin es mantener un buen testimonio para callar la ignorancia de quienes creen que honrar a Jesús como Rey, de alguna manera, entra en conflicto con nuestros deberes como ciudadanos de un país. Es una actitud muy distinta de la de muchos judíos que sufrían la opresión romana. Antes y después de Cristo, hubo rebeliones en Judá que finalmente culminaron en la destrucción de Jerusalén y del templo en el año 70 d.C.

Toda autoridad incluye a los maestros, a los jefes, a la policía y a cualquier persona que pueda ejercerla. ¿Quiénes son las autoridades en tu situación? ¿Puedes decir que te sometes a ellas? ¿O tienes una actitud rebelde? Practicar ese sometimiento nos capacita para someternos a Dios y desarrolla en nosotros la humildad.

Dar a todos el debido respeto

16 Eso es actuar como personas libres que no se valen de su libertad para disimular la maldad, sino que viven como siervos de Dios. 17 Den a todos el debido respeto: amen a los hermanos, teman a Dios, respeten al rey.

Esa es la norma universal que debemos seguir: dar a todos el debido respeto u honra. Es parecida a la Regla de Oro y fluye de nuestra humildad como siervos de Dios. Voluntariamente nos sometemos a Dios y a toda autoridad humana. La verdad es que somos libres, más libres que la gente del mundo, pero no podemos usar esa libertad como pretexto para hacer el mal. Tenemos que ser respetuosos con todos: manifestarles consideración, estimarlos y honrarlos. Todos están hechos a imagen de Dios y son dignos de respeto.

Ese respeto toma varias formas, dependiendo de quién sea:

- Para los hermanos en Cristo, la iglesia, el Cuerpo de Jesús: Amor (ágape, el amor incondicional de Dios).
- Por Dios: Temor, o reverencia.
- Por el rey: Ni amor ni temor, sino respeto por la posición que ocupa.

Instrucciones para los criados

[18] Criados, sométanse con todo respeto a sus amos, no solo a los buenos y comprensivos, sino también a los insoportables. [19] Porque es digno de elogio que, por sentido de responsabilidad delante de Dios, se soporten las penalidades, aun sufriendo injustamente. [20] Pero ¿cómo pueden ustedes atribuirse mérito alguno si soportan que los maltraten por hacer el mal? En cambio, si sufren por hacer el bien, eso merece elogio delante de Dios.

La primera aplicación de este llamado a someterse corresponde a los criados (siervos, esclavos, aquellos que tienen un amo), de los cuales había muchos en la iglesia primitiva. Esta es una palabra dura, en primer lugar, porque Pedro no condena la institución de la esclavitud ni la aprueba, sino que la acepta como parte de la sociedad. La Biblia nos enseña cómo vivir en la situación actual y confiar en que Dios la cambiará cuando (o si) Él lo desee.

En cada situación en la que tenemos que someternos, resulta bastante fácil si la persona es buena y compasiva. Pero Dios nos llama a someternos, con todo respeto, a los insoportables o crueles (sin murmurar ni hablar mal de la persona). Nuestra responsabilidad es ante Dios; Él sabe que vamos a sufrir injustamente (Cristo lo hizo) y no promete liberarnos de ello. Dios nos llama a soportar las penalidades con paciencia. No hay mérito si sufrimos por hacer el mal, pero sufrir por hacer el bien merece elogios. Dios lo ve y lo sabe, y habrá una recompensa de su parte.

Gracias a Dios, hoy en día hay pocos esclavos, en gran parte gracias a los esfuerzos de los cristianos por eliminar la esclavitud. Pero tu trabajo puede sentirse como una esclavitud, y algunas mujeres se sienten como esclavas de sus maridos. Es posible que estés sufriendo al hacer el bien. ¿Lo soportas con paciencia? ¿Siempre honras y respetas a tu jefe? ¿Puedes confiar en Dios para que alivie la situación en su tiempo?

Dios sabe lo que está sucediendo y algún día Él los juzgará y arreglará todo. Dios está contigo y te cuidará.

El ejemplo de Cristo

21 *Para esto fueron llamados, porque Cristo sufrió por ustedes, dándoles ejemplo para que sigan sus pasos.*

22 *«Él no cometió ningún pecado,*
ni hubo engaño en su boca».

23 *Cuando proferían insultos contra él, no replicaba con insultos;*
cuando padecía, no amenazaba, sino que se entregaba a aquel
que juzga con justicia. **24** *Él mismo, en su cuerpo, llevó al madero*
nuestros pecados, para que muramos al pecado y vivamos para
la justicia. Por sus heridas ustedes han sido sanados. **25** *Antes eran*
ustedes como ovejas descarriadas, pero ahora han vuelto al
Pastor que cuida de sus vidas.

¡Qué hermoso final para este capítulo! Pedro dirige nuestra atención a Cristo. Si estamos tentados a lamentar la dureza de nuestro trabajo y la dificultad de someternos a las autoridades, debemos reflexionar sobre la experiencia de Jesús.

Primero, Pedro dice que fuimos llamados a sufrir. A la luz del padecimiento increíble que Jesús soportó para llevar nuestros pecados, nuestro sufrimiento no es nada. El sufrimiento no significa que hayas hecho algo malo. Cristo no cometió ningún pecado ni engañó a nadie.

En el mundo, dicen que tienes que expresar tu ira. Muchas veces, como cristianos, intentamos negar esa ira porque no sabemos qué hacer ante la injusticia que hemos sufrido. Pero el cristiano entrega la situación y su ira al Señor, y sigue el ejemplo de Cristo en medio del sufrimiento.

- Otros van a proferir insultos contra ti; no repliques con insultos.
- Vas a padecer; no amenaces a la persona responsable.
- Entrégate a Dios, quien juzga con justicia.

En el caso de Cristo, hubo frutos muy hermosos de su sufrimiento; puedes confiar en Dios en que Él va a usar tu sufrimiento para el bien también.

- Su muerte permite tu reconciliación con Dios. Eras rebelde, separado de Dios por tu pecado, una oveja descarriada y perdida. Pero Cristo pagó el precio por ese pecado y restaura la relación con el Pastor de tu alma. Estás a salvo otra vez en el redil.
- Te da el poder para crucificar la carne y morir al pecado.
- Su Espíritu Santo te da el poder y la motivación para vivir por la justicia.
- Por sus heridas, eres sanado (espiritual y físicamente; citando Isaías 53:5).

De repente, tu sufrimiento y los problemas de tu vida no parecen tan grandes. ¡Qué privilegio es sufrir por hacer el bien y seguir en las huellas de nuestro Señor y Salvador! Dios vela por ti y te cuida. ¿Has vuelto al Pastor y Guardián de tu alma?

5

Cómo relacionarse con otros

1 Pedro 3:1-12

Instrucciones para esposas

[1]Así mismo, esposas, sométanse a sus esposos, de modo que, si algunos de ellos no creen en la palabra, puedan ser ganados más por el comportamiento de ustedes que por sus palabras, [2]al observar su conducta íntegra y respetuosa.

Ya vimos en el capítulo 2 la importancia de la sumisión en el reino de Dios. Después del principio general de sumisión a *"toda institución humana"*, Pedro primero se dirigió a los siervos o esclavos. Dijo que no importa si el amo es cruel; tienen que someterse. Ahora Pedro dice que lo mismo se aplica al matrimonio. Él sabe que muchos esposos no son creyentes, pero eso no exime a la mujer de someterse a él. Esta es una palabra muy dura para la mujer que se siente como una esclava y puede ser maltratada por su marido. Es una prueba fuerte de obediencia a la Palabra y de fe en Dios. No es tan simple como decir "ella tiene que someterse" y culparla si está sufriendo. Requiere mucha compasión y apoyo. La Biblia nunca exige que una mujer sufra abuso físico o emocional, pero tampoco permite la rebelión ni el divorcio en tales casos (es posible que tenga que salir de una situación abusiva hacia un lugar seguro).

La humildad demostrada en la sumisión es un testimonio, en este caso para el esposo incrédulo. La fe y la petición de la mujer a Dios siempre son por la salvación del hombre. En cada problema matrimonial, lo más importante es la salvación eterna de la persona y su caminar con Cristo. El matrimonio es solo para este mundo, y un matrimonio debería ser mejor cuando ambos están llenos del Espíritu Santo. Si el esposo abusador es cristiano, puede esperar un juicio severo de Dios por su pecado.

Parte del testimonio es la palabra, pero el comportamiento piadoso diario es un testimonio aún más importante. Es un principio que se aplica en cualquier situación con los inconversos: nuestro comportamiento debe ser el mensaje más poderoso. Nuestra conducta con todos debe ser íntegra, pura y respetuosa. Qué triste cuando el comportamiento cristiano conduce al oprobio de Jesucristo.

En el matrimonio, hay ocasiones en las que el hombre inconverso puede sentir que ha perdido a su mujer o que está compitiendo con Jesús. También puede ser que ella siempre le predique y lo condena, hasta que no se vea nada del amor de Cristo; esto puede suceder con un hombre salvo y con su esposa incrédula también.

Hermana, si estás casada, ¿cómo te va con la sumisión, el comportamiento y el respeto hacia tu esposo? Hermano, ¿es tu conducta en la casa y en el trabajo íntegra, pura y respetuosa?

La belleza de un espíritu gentil y apacible

3 Que la belleza de ustedes no sea la externa, que consiste en adornos tales como peinados ostentosos, joyas de oro y vestidos lujosos. 4 Que su belleza sea más bien la incorruptible, la que procede de lo íntimo del corazón y consiste en un espíritu suave y apacible. Esta sí que tiene mucho valor delante de Dios.

¿Es pecado llevar joyas de oro o vestidos lujosos? ¿Hay algo malo en una mujer de apariencia hermosa? Creo que no, pero la modestia debe caracterizar a la mujer cristiana. El problema son los peinados ostentosos o exagerados, las muchas joyas y los vestidos muy lujosos. Dios no mira la apariencia; esas cosas no le impresionan. La belleza debe proceder de lo que está en el corazón. A Dios le gusta un espíritu suave y apacible (gentil, tierno, tranquilo, afable y sereno) en una mujer. Esa belleza es incorruptible y se vuelve más hermosa a medida que pasan los años, en contraste con la belleza externa, que se marchita con el tiempo.

Pablo escribió algo similar en 1 Timoteo 2:9-10: *En cuanto a las mujeres, quiero que ellas se vistan decorosamente, con modestia y recato, sin peinados ostentosos, ni oro, ni perlas ni vestidos costosos. Que se adornen más bien con buenas obras, como corresponde a mujeres que profesan servir a Dios.*

Hermano, ¿honras el deseo de tu esposa de cultivar ese espíritu y de no prestarle demasiada atención a su apariencia? ¿O siempre estás comprándole más cosas e impulsándola a usar más maquillaje y a arreglarse el cabello? ¿Miras a otras mujeres y su apariencia hasta el punto de que tu esposa se sienta insegura y celosa de ellas? ¿Y tú, dedicas más tiempo y energía a lo que está en lo íntimo de tu corazón? No es inusual que un hombre también dedique mucha energía y dinero a su ropa y su apariencia.

Hermana, ¿gastas mucho dinero, tiempo y energía en cabello, joyas y ropa? ¿Tienes ese espíritu apacible y tierno? ¿Hay algo que tengas que cambiar?

Yo sé que este es un tema delicado, pero en la iglesia la vestidura de muchas mujeres (y más aún de las jóvenes) constituye un tropiezo para los hombres. Hay cristianos que han reaccionado contra el legalismo de algunas iglesias y de la forma en que se visten, pero la mujer cristiana debe tener en cuenta que su vida es un testimonio. Debe honrar al Señor: ¿te sentirías cómoda con esa prenda en presencia de Jesús? Hermano, es tu deber guiar a tu esposa e hijas en este asunto.

El ejemplo de Sara

[5]Así se adornaban en tiempos antiguos las santas mujeres que esperaban en Dios, cada una sumisa a su esposo. [6]Tal es el caso de Sara, que obedecía a Abraham y lo llamaba su señor. Ustedes son hijas de ella si hacen el bien y viven sin ningún temor.

La sumisión y la modestia en los adornos eran características de las mujeres santas del pasado. El ejemplo para la mujer es Sara, quien obedeció a su esposo y lo llamaba señor, aunque es obvio que Abraham no era un esposo ejemplar (lee algunas historias de su matrimonio en Génesis 12:10-20; 16:1-7; 20:1-18). Podría ser que Sara no pudiera concebir porque había sufrido tanto en su relación con Abraham.

Esta enseñanza no está de moda hoy. Muchos cristianos creen que la sumisión de la esposa ya no se aplica en el mundo actual. Incluso en los hogares e iglesias donde se practica, la sumisión a menudo es solo de nombre; está claro (y aceptado) que, en realidad, la mujer manda. Qué lástima, porque la Biblia es muy clara al afirmar que este orden, dado por Dios, siempre está vigente. Podemos aprender mucho de las santas mujeres del pasado.

La voluntad de Dios para la esposa

- **Esperar en Dios**. Igual que los siervos con amos crueles, su fe y su esperanza están en Dios. No hay ningún hombre perfecto y la sumisión no depende del comportamiento del hombre.
- **Obedecer a su esposo**. No murmurando, quejándose ni luchando, como los hebreos en el éxodo, sino con buena

gana. Otra vez, "obedecer" suena muy fuerte en la cultura actual.

- **Llamarlo señor**. Claro que no ocupa el lugar de Dios, pero es un título de gran respeto que reconoce la posición que Dios le ha dado.
- **Hacer el bien**. A pesar de la tentación de vengarse y desobedecer, siempre hacer lo que agrada a Dios y ocuparse de servir y de hacer el bien.
- **Vivir sin ningún temor**. Qué interesante que Pedro incluyera esto. Parece que él ha visto a mujeres temerosas de sus maridos y mujeres maltratadas por ellos. El hombre abusivo con mano dura está en pecado y puede dominar a su mujer con ese temor, pero Dios quiere liberar a cada mujer del temor a través de su fe en Dios.

Instrucciones para los esposos

[7] De igual manera, ustedes esposos, sean comprensivos en su vida conyugal, tratando cada uno a su esposa con respeto, ya que como mujer es más delicada, y ambos son herederos del grato don de la vida. Así nada estorbará las oraciones de ustedes.

Cuando Pedro dice "*de igual manera*", se aplican las mismas actitudes del esclavo y de la esposa a los hombres. Es cierto que Dios les ha dado autoridad, pero a veces, en amor, él también tiene que someterse a su esposa. Cristo es nuestro ejemplo, y Él nunca dominaba a sus discípulos con mano dura (ni a nosotros hoy). El hombre debe demostrar el mismo amor, respeto y humildad que se requiere de los siervos y de las mujeres.

Pedro tiene menos que decir a los hombres, pero son cosas muy importantes.

La mentalidad necesaria hacia la mujer:

1. **Es más delicada** (un vaso más frágil). No quiere decir que una mujer no pueda ser fuerte ni trabajar. Emocionalmente, muchas veces el hombre es más frágil. En el pasado, los hombres cuidaban mejor a sus esposas, con caballerosidad y con pequeños detalles, como abrirles la puerta y darles preferencia. Tenemos que recordarnos de que, en muchos aspectos, ella es más frágil. El hombre debe ayudar a su esposa con las tareas en la casa y con los hijos (especialmente si ella está trabajando). Siempre trata a ella con cortesía, consideración, discernimiento y tacto.
2. **Ella es heredera contigo de la salvación.** Es tu hermana en Cristo y también tiene dones y un llamado en su vida. Es responsabilidad del hombre fomentar su relación con Cristo y tomar la iniciativa para orar, adorar y compartir la Palabra juntos. Demasiadas veces, es la mujer quien anhela más espiritualidad en el matrimonio.

El comportamiento del hombre:

1. **Ser comprensivo en la vida conyugal**. La RVR dice vivir *sabiamente*. ¿Qué comprensión tiene en mente Pedro? Comprensión de los principios y propósitos de Dios para el matrimonio. Comprensión de los deseos, metas y frustraciones de tu esposa. Comprensión de sus puntos fuertes y debilidades. Eso significa que tienes que dedicar energía a tu relación y realmente conocerla; hablar con ella y darle la oportunidad de compartir su corazón contigo. Reflexiona sobre quién es ella y sobre lo que está sucediendo en su vida ahora. Cosechamos lo que sembramos, y hay hombres que no muestran mucha sabiduría al tratar a sus esposas ni en lo que siembran en sus vidas. Luego se sorprenden cuando ella no quiere

tener relaciones íntimas ni se ocupa de su apariencia, de la casa u otras responsabilidades familiares.

2. **Trátala con respeto** (honor, entendimiento). Después de Cristo, ella es la más preciosa en tu vida, más importante que tus hijos, tus parientes y tus amigos. Trátala de tal manera que ella sepa que valoras lo que dice y que realmente la estás escuchando. Acepta y respeta las diferencias entre ustedes. Muchos hombres no muestran respeto por sus esposas; en lugar de honrarlas, se burlan de ellas y las desprecian ante sus amigos y familiares. Atesora y celebra su feminidad y estúdiala para comprender qué es importante para ella.

La consecuencia de no tratarla bien es que las oraciones se vuelven estorbadas. Es una aplicación específica de lo que Jesús enseña en Mateo 5:23 y 24: debemos resolver problemas con los demás antes de adorar a Dios. ¿Podría ser que por eso no hayas visto algunas respuestas a tus oraciones? La relación matrimonial es muy importante para Dios. Pablo dice que es misteriosa, similar a la relación entre Cristo y la iglesia. El hombre que no trata bien a su esposa sufre espiritualmente. Cuando tu relación con ella es correcta, Dios abre las puertas del cielo.

Hay otros pasajes del Nuevo Testamento que también hablan de la autoridad y la sumisión en el matrimonio (1 Corintios 7; Efesios 5:22-33; Colosenses 3:18-19). Para los hombres, creo que Efesios 5:25-26 ofrece el consejo más importante: *Esposos, amen a sus esposas, así como Cristo amó a la iglesia y se entregó por ella para hacerla santa.*

Consejos para toda relación

[8] En fin, vivan en armonía los unos con los otros; compartan penas y alegrías, practiquen el amor fraternal, sean compasivos y humildes. [9] No devuelvan mal por mal ni insulto por insulto; más

bien, bendigan, porque para esto fueron llamados, para heredar una bendición.

En resumen de esta sección sobre la sumisión y las relaciones, Pedro incluye algunos consejos que se aplican a los siervos y amos, maridos y esposas, y a todas las relaciones:

1. Vivir en armonía (todos deben estar de acuerdo y buscar las mismas metas).
2. Compartir penas y alegrías (tener el mismo sentir y la misma compasión, responder a las necesidades de los demás).
3. Practicar el amor fraternal (ver y tratar a los demás como hermanos).
4. Ser compasivo (ser sensible en el afecto y en el interés).
5. Ser humilde (amigable, animar a otros y regocijarse de sus triunfos).
6. No devolver mal (maldición) por mal, ni insulto por insulto, sino orar por ellos.
7. Bendecirlos.

¿Cómo te va con estas cosas? Dios te llamó a heredar una bendición. ¿La estás experimentando?

10 En efecto,

«el que quiera amar la vida
y gozar de días felices,
que refrene su lengua de hablar el mal
y sus labios de proferir engaños;
11 que se aparte del mal y haga el bien;
que busque la paz y la siga.
12 Porque los ojos del Señor están sobre los justos,
y sus oídos, atentos a sus oraciones;
pero el rostro del Señor está contra los que hacen el mal».

Esta cita del Salmo 34:12-16 es un resumen de lo que Pedro ha escrito aquí.

¿Quieres que los ojos del Señor estén sobre ti? ¿Quieres que sus oídos estén atentos a tus oraciones? ¿Puedes decir con confianza que ya lo están? ¿Qué puedes aportar como evidencia de ello?

¿Amas la vida? ¿Cómo son tus días? ¿Felices? ¿O es la vida una rutina aburrida, una carga insoportable? ¿Son tus días largos y duros?

Pedro nos ha dado una receta inusual: sumisión y consejos para una relación sana con Dios y con los demás. Su deseo y el deseo de Dios para ti no son cargarte con muchas tareas religiosas, sino liberarte para amar a Dios y a los demás, tener una vida familiar muy rica y disfrutar de la vida. Además, hay que:

- Refrenar la lengua para no hablar mal.
- Refrenar los labios para no proferir engaños (decir mentiras).
- Partir del mal.
- Hacer el bien.
- Buscar la paz en cada situación (Dios bendice al pacificador).
- Seguir la paz (esforzarse por mantenerla).

La decisión es tuya. Como siempre, la Palabra de Dios es muy clara, y la promesa es segura. Es difícil vivir con el rostro del Señor contra ti. Dios quiere bendecirte con días felices, pero tienes que seguir su fórmula.

6

El sometimiento máximo

1 Pedro 3:13-22

Al finalizar la enseñanza sobre la sumisión, Pedro ha compartido algunas instrucciones muy claras sobre cómo tener una vida feliz; el problema para sus lectores es que han vivido una pesadilla de persecución e incluso de la muerte, lo que los ha dejado perplejos. Es un dilema antiguo: si Dios es soberano, ¿por qué permite que los justos sufran? ¿Por qué tengo que someterme a un amo o a un marido cruel? Tal vez, después de leer estas promesas, tú hayas pensado: "Lo he hecho y todavía no veo la bendición." Ahora, vamos a ver que nuestra fe nos permite someternos al máximo: a Cristo. Y esa perspectiva impacta toda la vida.

Sufrir por causa de la justicia

13 Y a ustedes, ¿quién les va a hacer daño si se esfuerzan por hacer el bien?

¿Y la respuesta de ellos? "¡Muchos! ¡A veces parece que cuanto más me acerco a Jesús, más sufro!" Y Pedro responde (él lo sabe por su propia experiencia): "Vivimos en un mundo cruel, bajo el dominio del maligno. No hay garantía de que no te lastimen a ti, una persona buena. ¡Mira lo que hicieron al Hijo de Dios!" Por supuesto, no hay lógica en dañar a quien sana y salva, o al cristiano que quiere bendecir a otros, pero esa es la naturaleza de este mundo caído.

[14] *¡Dichosos si sufren por causa de la justicia! «No teman lo que ellos temen, ni se dejen asustar».*

Hay tres palabras de consolación y ánimo que Pedro nos ofrece:

- **Eres dichoso**. Posiblemente Pedro lo sacó de las Bienaventuranzas: *Dichosos los perseguidos por causa de la justicia, porque el reino de los cielos les pertenece. Dichosos serán ustedes cuando por mi causa la gente los insulte, los persiga y levante contra ustedes toda clase de calumnias. Alégrense y llénense de júbilo, porque les espera una gran recompensa en el cielo. Así también persiguieron a los profetas que los precedieron a ustedes* (Mateo 5:10-12). Dios sabe todo. Confía en Él por tu bendición y recompensa.
- **No temas lo que ellos temen**. La traducción del griego aquí resulta complicada. *Dios Habla Hoy* sigue el pensamiento de la Reina Valera: *No tengan miedo a nadie*. Dios quiere quitar todo temor de nuestros corazones. Aquí es más difícil entender la NVI, lo que nos lleva a pensar en lo que temen los perseguidores y a no tener miedo de ello. Esa versión refleja la cita de Isaías 8:12, que, en su contexto, nos ofrece una buena perspectiva de la voluntad de Dios: [11] *El Señor me dio una firme advertencia de no pensar como todos los demás. Me dijo:* [12] *«No llames conspiración a todo, como hacen ellos, ni vivas aterrorizado de lo que a ellos les da miedo.* [13] *Ten por santo en tu vida al Señor de los Ejércitos Celestiales; él es a quien debes temer. Él es quien te debería hacer temblar.* [14] *Él te mantendrá seguro.* No pensamos como el mundo.
- **No te dejes asustar**. Es útil saber de antemano que habrá persecución y oposición en este mundo; no es ninguna sorpresa.

Debido a que confiamos en la bendición de Dios y estamos libres del temor, Pedro nos dice cuál debe ser nuestra actitud: no luchamos contra nuestros persecutores ni nos defendemos, sino que honramos a Cristo y damos testimonio de Él.

Honra en tu corazón a Cristo como Señor

[15] Más bien, honren en su corazón a Cristo como Señor. Estén siempre preparados para responder a todo el que les pida razón de la esperanza que hay en ustedes. [16] Pero háganlo con gentileza y respeto, manteniendo la conciencia limpia, para que los que hablan mal de la buena conducta de ustedes en Cristo se avergüencen de sus calumnias. [17] Si es la voluntad de Dios, es preferible sufrir por hacer el bien que por hacer el mal.

Primero, tenemos que honrar a Cristo como Señor en nuestros corazones. ¿Qué significa eso? Somos suyos. Como nuestro Señor, Él ocupa el trono de nuestros corazones, dirige nuestras vidas y también nos cuida como sus ovejas. Cristo es nuestro amigo, pero también es Señor, y siempre debemos honrarlo. Cuando Él gobierna nuestros pensamientos y emociones, nada de lo que haga el enemigo nos moverá. La sumisión a las autoridades de este mundo es importante, pero la sumisión al señorío de Jesús es lo que nos permite superar las pruebas de esta vida.

Una vez más, Pedro dice que el sufrimiento es parte de la vida en este mundo, e incluso puede ser la voluntad de Dios para nosotros. Es mejor sufrir por hacer el bien que por hacer el mal.

La enseñanza radical de Pedro aquí es que siempre tenemos que amar a nuestros enemigos y orar por ellos. No nos escondemos en la seguridad de la iglesia, ni nos apartamos del mundo para protegernos de sus ataques injustificados. Parte de honrar a Cristo es ser su embajador ejemplar en este mundo. Queremos que las estafadoras también conozcan a Cristo.

- En medio de la persecución, quedará claro que tenemos una esperanza más allá de una vida mejor en este mundo; eso atraerá la atención de los inconversos.
- Algunos nos van a preguntar la razón de nuestra esperanza (y cómo es posible estar gozosos en medio del sufrimiento); puede que el Espíritu Santo abra su corazón a Cristo. ¿Sabes cómo compartir lo que Cristo ha hecho en tu vida, es decir, tu testimonio?
- Tenemos que prepararnos de antemano para no sorprendernos ni desconocer nuestra esperanza y el Evangelio. Estudia la Biblia y los libros apologéticos, y toma clases de evangelismo si es posible.
- No siempre tenemos ganas de evangelizar, pero las palabras son muy claras: "*siempre*" y a "*todos*". ¿Tienes esa disposición?
- Hazlo con gentileza (humildad y mansedumbre) y con respeto (reverencia). Parece extraño que Pedro tenga que incluir eso. ¿No deberíamos hablar siempre con gentileza y respeto? Pero estoy seguro de que tú también has conocido a cristianos que no respetan a personas de otras religiones o estilos de vida muy mundanos.
- Siempre mantener la conciencia limpia en tu trato con la gente del mundo.
- Habrá gente que hable mal de tu buena conducta; la meta es que se avergüencen de sus calumnias.

¡Imagínate el impacto si cada cristiano obedeciera esta palabra y diera testimonio de Cristo!

Cristo obtuvo nuestra salvación a través de su sufrimiento

18 Porque Cristo murió por los pecados una vez por todas, el justo por los injustos, a fin de llevarlos a ustedes a Dios. Él sufrió la muerte en su cuerpo, pero el Espíritu hizo que volviera a la vida.

Cristo es el ejemplo supremo de sufrimiento por hacer el bien. Aunque vivió una vida perfecta, Él murió la muerte más cruel posible; no por su propio pecado, sino por tu pecado y el mío. En el amor, el justo murió por los injustos. El pecado es la causa de todo sufrimiento, el de Cristo y el nuestro. Pero incluso en el caso de su Hijo amado, fue la voluntad de Dios que sufriera así, para cumplir un propósito mayor.

¡Nosotros necesitamos ese mismo amor por los injustos en este mundo! ¡Y no tenemos que morir por ellos; solo compartir con ellos las buenas nuevas de la salvación! Gracias a Dios, Cristo murió por el pecado del mundo de una vez por todas. Así nos restaura a Dios; nos lleva a la presencia de Dios. Para ayudar a la gente necesitada que nos rodea, lo mejor que podemos hacer es llevarla a Dios, a una vida nueva a través de la salvación en Jesús.

¡Tu sufrimiento no es en vano! ¡Dios siempre puede redimir la situación y glorificarse a sí mismo en ella! A diferencia del sufrimiento de Cristo, no es de una sola vez; puede ocurrir en muchas ocasiones, pero no alcanza la intensidad del sufrimiento de Cristo en la cruz. El mismo Espíritu que lo trajo de vuelta a la vida hará lo mismo por ti después de pasar por el sufrimiento.

¿Espíritus encarcelados?

19 Por medio del Espíritu fue y predicó a los espíritus encarcelados, 20 que en los tiempos antiguos, en los días de Noé, desobedecieron, cuando Dios esperaba con paciencia mientras se construía el arca. En ella solo pocas personas, ocho en total, se salvaron mediante el agua, [21] *la cual simboliza el bautismo que ahora los salva también a ustedes.*

Estos son versos difíciles; la Biblia no habla de esto en ninguna otra parte. Esto es lo que dicen:

- La gente era de *"los tiempos antiguos, los días de Noé."* Parece que no se aplica a la gente de hoy.
- Son aquellos que desobedecieron y provocaron a Dios a destruir todo el mundo. Noé estaba construyendo el arca, y ellos aún tenían la oportunidad de entrar al arca y salvarse, pero se burlaron de él. Sin embargo, Dios estaba esperando pacientemente su arrepentimiento.
- Sus espíritus quedaron encarcelados. ¿Esperando el gran juicio? ¿En algún lugar especial? ¿Todavía tenían la oportunidad de arrepentirse? Muchas veces, cuando usan la palabra "espíritu" en el Nuevo Testamento, se refieren a los ángeles o a los demonios. En este caso, serían demonios, porque están encarcelados. ¿Cómo respondieron cuando Cristo les predicó?
- Siguen siendo importantes para Dios. Cristo fue a través del Espíritu y les predicó (¿durante su vida aquí en la tierra? ¿durante los tres días que estuvo sepultado?). No dice nada sobre cómo respondieron.
- Aunque no contestan todas las preguntas, estos versículos que Pedro escribió en su segunda carta (2 Pedro 2:4-5) pueden ayudarnos a entender estos "espíritus": *Dios no perdonó a los ángeles cuando pecaron, sino que los arrojó al abismo, metiéndolos en tenebrosas cavernas y reservándolos para el juicio. Tampoco perdonó al mundo antiguo cuando mandó un diluvio sobre los impíos, aunque protegió a ocho personas, incluyendo a Noé, predicador de la justicia.*

Pedro aprovecha la experiencia de Noé para introducir el tema del bautismo. Hay varias cosas en el Antiguo Testamento que son tipos o símbolos de realidades del Nuevo Pacto. En esta imagen, Cristo sería el arca que nos salva. Pero Pedro también dice algo que hay que tomar en el contexto de toda la enseñanza bíblica sobre el bautismo: que el bautismo nos salva. Sabemos que el bautismo es el símbolo de la decisión que tomamos de aceptar a Cristo como Señor y Salvador. El bautismo es importante; no es opcional que el creyente sea bautizado en agua como símbolo de la muerte de la vieja naturaleza y del nacimiento nuevo. Pero el bautismo en sí no te salva.

El bautismo

El bautismo no consiste en la limpieza del cuerpo, sino en el compromiso de tener una buena conciencia delante de Dios. Esta salvación es posible por la resurrección de Jesucristo, [22] *quien subió al cielo y tomó su lugar a la derecha de Dios, y a quien están sometidos los ángeles, las autoridades y los poderes.*

Hay varias descripciones en la Biblia del significado del bautismo. Está claro que es espiritual; no tiene nada que ver con la limpieza del cuerpo. Es un pacto que hacemos con Dios: un compromiso de andar conforme a su voluntad, con buena conciencia.

Pedro luego pasa a hablar de la experiencia actual de estos creyentes y quiere exaltar al Señor Jesucristo. Lo que hace posible nuestra salvación es la victoria de Jesús sobre la muerte en su resurrección, de la cual Pedro fue testigo. Cristo entonces ascendió al cielo y está a la diestra del Padre. Todo ser espiritual (ángeles, autoridades, poderes, demonios – incluso el mismo diablo que los ataca) está sujeto a Dios. Así, el capítulo termina con la misma palabra que aparece en el primer versículo: sometidos. Es la realidad en el cielo y debe ser la nuestra. También debemos someternos a toda autoridad en la tierra.

¿Estás sometido al señorío de Jesucristo? ¿Estás practicando la sumisión a la autoridad que este capítulo nos ha enseñado?

7

Una nueva perspectiva sobre el sufrimiento

1 Pedro 4

Este capítulo empieza con "Por tanto", aludiendo al versículo 18 del capítulo 3 (los versos 19-22 constituyen un paréntesis): el padecimiento del justo (Cristo) por los injustos (nosotros). Cristo es nuestro ejemplo; caminar en comunión con Él nos brinda una nueva perspectiva sobre el sufrimiento. Pedro nos ofrece tres enfoques transformativos.

1: Una nueva actitud

Aunque estos creyentes han sufrido una severa persecución, Pedro dice que tienen que soportarla e incluso someterse a los amos (en el caso de siervos o esclavos), a los maridos (para las mujeres casadas) y a toda la autoridad terrenal, incluso si son crueles. Esperamos que en algún momento Pedro pueda prometer un fin al sufrimiento y una vida feliz, pero en cambio nos llama a algo más difícil. Muchas veces la solución que Dios nos ofrece no es una salida fácil, pero es infinitamente mejor:

1Por tanto, ya que Cristo sufrió en el cuerpo, asuman también ustedes la misma actitud; porque el que ha sufrido en el cuerpo ha roto con el pecado, 2 para vivir el resto de su vida terrenal no satisfaciendo sus pasiones humanas, sino cumpliendo la voluntad de Dios.

La victoria en medio del sufrimiento empieza con una nueva actitud, la mente misma de nuestro Señor, el Varón de Dolores.

Un cambio de actitud afecta a toda la vida. La tendencia es hacer todo lo posible para evitar el sufrimiento:

- Pastillas, alcohol, drogas, placeres carnales y entretenimiento sin fin (películas, televisión e Internet).
- La búsqueda de la riqueza (o de dinero prestado) para comprar diversiones y vacaciones.
- La vida llena de actividad, trabajo y todo lo necesario para evitar la realidad de los problemas.

Yo he escuchado a predicadores decir que Cristo ya sufrió para que nosotros no tengamos que sufrir, pero la Palabra dice aquí que Cristo es nuestro ejemplo (ve también lo que Pablo dijo al respecto en Filipenses 2:5-11). A la luz de su sufrimiento en la cruz, Dios nos llama a confiar en Él, a aceptar el sufrimiento e incluso a regocijarnos en él.

Entender el propósito del sufrimiento

Podemos asumir la actitud de Cristo porque sabemos que conlleva algo bueno. En el caso de Jesús, fue por nuestra salvación. Para nosotros, es la santificación. Es un proceso, y vemos la progresión del fruto del sufrimiento en estos dos versículos:

1. Primero, rompemos con el pecado. Es una declaración que tú puedes hacer si has sufrido en el cuerpo: "Yo he roto con el pecado." Lástima que a menudo tengamos que pasar por una enfermedad, el encarcelamiento o la persecución para arrepentirnos y romper con el pecado.
2. Este proceso y cambio dura por el resto de tu vida terrenal. Lo natural (la vida que observamos a nuestro alrededor) es satisfacer las pasiones humanas (ya sabemos lo que son, aunque Pedro las mencionó en el verso 3 y en el primer versículo del capítulo 2). No podemos servir a dos amos (Dios y la carne); Dios puede

permitir el sufrimiento necesario para llevarnos al arrepentimiento y no satisfacer las concupiscencias de la carne.

3. Ahora, nuestro anhelo es cumplir la voluntad de Dios: "No mi voluntad, lo que yo quiero, sino tu voluntad, Padre, lo que tú quieres." Para cumplir su voluntad, tenemos que saber qué es. Tenemos que moldear nuestras mentes con la Palabra de Dios, someter cada decisión a Dios y aprender a escuchar la voz del Espíritu Santo para discernir su voluntad. Ahora, lo más importante es glorificar y agradar a Dios, no a mí mismo. Podemos obligarnos a hacer la voluntad de Dios, pero si tenemos una mala actitud, no le agrada. La actitud de Cristo es una disposición total, una entrega completa a la voluntad de Dios.

¿Estás listo para vivir el resto de tu vida sin satisfacer tus pasiones ni seguir tus propios deseos? ¿Te imaginas vivir toda tu vida cumpliendo la voluntad de Dios? Por desgracia, el pecado puede tener un fuerte control sobre nosotros; solo después de mucho sufrimiento estamos realmente listos para renunciar a la vida carnal y hacer la voluntad de Dios. Ahora tenemos fe verdadera, creyendo que Dios sabe mejor que nosotros cómo vivir al máximo. La experiencia de millones de cristianos lo confirma.

3 Pues ya basta con el tiempo que han desperdiciado haciendo lo que agrada a los incrédulos, entregados al desenfreno, a las pasiones, a las borracheras, a las orgías, a las parrandas y a las idolatrías abominables.

Tiempo desperdiciado

Pedro clarifica algunas de las pasiones humanas que satisfacemos, cosas que agradan a los incrédulos y a la carne. Todos vivíamos así en el pasado, pero es un desperdicio de nuestro tiempo y de nuestras vidas. Pedro las incluye aquí, sabiendo que algunos cristianos todavía luchan con ellas.

- Desenfreno (DHH: *vicios*, RVR: *lascivias*): disfrutar de placeres, especialmente sexuales, sin autodominio ni considerar las consecuencias.
- Pasiones: lujuria, pornografía, sexo fuera del matrimonio, homosexualidad
- Borracheras; uso excesivo de alcohol y drogas
- Orgías; toda práctica sexual fuera de lo normal
- Parrandas (disipación, banquetes, fiestas)
- Idolatrías abominables; más allá de la idolatría común, idolatrando cosas abominables

Ahora queremos redimir el tiempo y vivir para agradar a Dios. El mundo de hoy muestra que nuestra creencia en la perversidad y la depravación del ser humano sin Cristo es correcta, aunque no implica que todos los que no conocen a Cristo practiquen estos pecados. Hay buena gente en el mundo, pero sin Cristo, está perdida.

Pablo escribió acerca de esta depravación en Romanos 1:29-32:

> *Se han llenado de toda clase de maldad, perversidad, avaricia y depravación. Están repletos de envidia, homicidios, disensiones, engaño y malicia. Son chismosos, calumniadores, enemigos de Dios, insolentes, soberbios y arrogantes; se ingenian maldades; se rebelan contra sus padres; son insensatos, desleales, insensibles, despiadados. Saben bien que, según el justo decreto de Dios, quienes practican tales cosas merecen la muerte; sin embargo, no solo siguen*

> *practicándolas, sino que incluso aprueban a quienes las practican.*

Nosotros batallamos con el diablo, nuestros deseos pecaminosos y la influencia del mundo que no conoce a Cristo, como Pablo explica en Efesios 2:1-2:

> *En otro tiempo ustedes estaban muertos en sus transgresiones y pecados, en los cuales andaban conforme a los poderes de este mundo. Se conducían según el que gobierna las tinieblas, según el espíritu que ahora ejerce su poder sobre quienes viven en la desobediencia.*

Este cambio radical afecta nuestras relaciones con amigos y familiares.

Amigos viejos del mundo

4 *A ellos les parece extraño que ustedes ya no corran con ellos en ese mismo desbordamiento de inmoralidad, y por eso los insultan.*

La NTV: *No es de extrañarse que sus amigos de la vieja vida se sorprendan de que ustedes ya no participan en las cosas destructivas y descontroladas que ellos hacen. Por eso los calumnian.*

Cuando yo era niño, la práctica de la inmoralidad era aún menospreciada. He visto un gran cambio: en el mundo de hoy, la moral cristiana a menudo se percibe como extrema, rígida e irreal. ¿No es cierto que todos los días vemos el desbordamiento de la inmoralidad, con gente que hace cosas destructivas e incontroladas? ¿Conoces a personas que piensan que es extraño que no apruebes su inmoralidad? Si te insultan, considera que es parte del sufrimiento por Cristo. Parte del cambio en esta nueva vida puede ser alejarte de tus amigos de la vieja vida, en favor de amigos que comparten la actitud de Jesús y el compromiso de andar en santidad. Puedes sentirte presionado a adoptar su estilo de vida, pero recuerda el versículo siguiente.

[5] Pero ellos tendrán que rendirle cuentas a aquel que está preparado para juzgar a los vivos y a los muertos.

Hay un juicio venidero; habrá una recompensa para quienes practican la justicia y un castigo eterno para los pecadores. ¿Cómo será para ti cuando tengas que rendir cuentas a Dios?

2: Una nueva visión y esperanza para el futuro

[6] Por esto también se les predicó el evangelio aun a los muertos, para que, a pesar de haber sido juzgados según criterios humanos en lo que atañe al cuerpo, vivan conforme a Dios en lo que atañe al espíritu.

Este es un verso difícil, quizás relacionado con lo que Pedro dijo en 3:4-5 (Cristo predicando a los espíritus encarcelados). Estas personas, aparentemente, tienen la oportunidad, en el espíritu, de responder al evangelio, arrepentirse y seguir a Dios. Ya habían sido juzgadas según los estándares del mundo por lo que hicieron en la tierra. Pueden ser creyentes que sufrieron bajo el juicio del hombre y murieron, pero ahora están vivos en el espíritu.

Predica el Evangelio

A pesar de las dificultades con este verso, hay una enseñanza importante aquí:

- Tenemos la responsabilidad de predicar el evangelio, de salvar a la mayor cantidad posible de la condena.
- El mundo juzga según criterios humanos (sí, los incrédulos también juzgan, aunque a menudo señalan a los cristianos como críticos). Esos criterios incluyen apariencias, posición y riquezas.

- Más importante que enfocarse en el juicio es vivir para Dios y centrarse en el Espíritu en lugar de la carne.
- La experiencia del creyente es paralela a la de Cristo: ambos sufren en la carne, ambos mueren, pero ambos viven en el espíritu.

A pesar del dolor, sabemos que Cristo es la respuesta y que Él tiene algo mucho mejor preparado para nosotros en el futuro. Es un privilegio, una bendición y una responsabilidad compartir esas noticias con todo el mundo. Cuando evangelizamos, sentimos la presencia de Cristo y casi olvidamos el sufrimiento; pensamos en cosas eternas.

Prepárate para el fin

[7] Ya se acerca el fin de todas las cosas.

Hay una urgencia de poner en orden nuestras vidas, porque no nos queda mucho tiempo. Cristo vendrá pronto y este mundo terminará. A la luz de esa urgencia, hay prioridades que debemos establecer y prácticas que debemos incluir como parte de la vida. Sabemos que el sufrimiento es temporal, y estamos ocupados preparando a la iglesia para ese día glorioso del regreso de Jesús.

1. *Así que, para orar bien, manténganse sobrios y con la mente despejada.*

DHH: *sean ustedes juiciosos y dedíquense seriamente a la oración.*

RVR: *sed, pues, sobrios, y velad en oración.*

Es fácil descuidar la vida de oración, pero en medio de la persecución, el sufrimiento y la presión para seguir las normas del mundo, la comunión con Dios es aún más importante para mantener el enfoque positivo.

Pedro menciona dos cosas que nos ayudan en la oración:

- Mantente sobrio. El diccionario dice que sobrio es: "moderado en sus palabras, comportamiento, etc., y especialmente en el comer y el beber; que carece de adornos superfluos o de otras características que lo hagan llamativo y exagerado; que no está borracho". Con todos los extremos del mundo actual y tanto hablar en Internet, es fácil vivir con temor y perder nuestra perspectiva.
- Mantén la mente despejada. Eso es difícil con todas las cosas en Internet y en los medios de comunicación que contaminan la mente. Es muy importante ser moldeado por la Palabra de Dios para mantener la mente clara. La palabra griega puede incluir la idea de autodominio, lo cual también es importante para mantener y desarrollar la vida devocional. Algunos temen el fin del mundo, pero para nosotros no hay nada que temer.

2. 8 *Sobre todo, ámense los unos a los otros profundamente, porque el amor cubre multitud de pecados.*

Jesús dijo (Juan 17) que nuestro amor testifica al mundo de que el evangelio es verdadero. Su nuevo mandamiento (Juan 13:34) es amarnos unos a otros como Él nos ha amado. Ese es un gran desafío para nosotros, porque el amor de Cristo es verdaderamente profundo. El amor de nuestros hermanos nos ayuda a soportar la persecución de los días postreros. El amor no ignora el pecado, pero es más poderoso que la ofensa y el juicio. El que ama está dispuesto a perdonar cualquier ofensa. La combinación de oración y amor (que conduce al arrepentimiento y cubre una multitud de pecados) nos prepara para la venida de Cristo. ¿Qué significa amar profundamente para ti hoy? ¿Puedes decir que estás cumpliendo este mandato?

3. [9] *Practiquen la hospitalidad entre ustedes sin quejarse.*

No oímos mucho al respecto en las predicaciones actuales, pero la Biblia le da gran importancia a la hospitalidad. Dios nos ha bendecido con casas y alimentos para que podamos ayudar y bendecir a otros; debe ser un resultado natural de nuestro amor. Es una alegría y un privilegio servir a los demás. No pensamos en el costo y nunca debemos quejarnos de quien estamos hospedando, sino confiar en que Dios proporcionará todo lo necesario para bendecir a esa persona. Abrir la casa a otros nos brinda una buena oportunidad para amar profundamente y mimar a nuestros huéspedes. ¿Qué oportunidades tienes para practicar la hospitalidad? ¿Cómo puedes promoverla en tu iglesia?

4. [10] *Cada uno ponga al servicio de los demás el don que haya recibido, administrando fielmente la gracia de Dios en sus diversas formas.*

En medio de las presiones del mundo para pecar, del sufrimiento y de la incertidumbre de la situación mundial, Dios nos llama a ocuparnos de servir y de ser activos en nuestras iglesias. Pedro habla aquí sobre la diversidad de dones espirituales. Esos dones son para el beneficio de toda la iglesia. Cada creyente recibe un don de Dios; nuestra parte es administrarlo fielmente. ¿Sabes cuál es tu don (o dones; puedes tener más de uno)? ¿Estás usándolo para servir a quienes te rodean? ¿Qué implica para ti administrarlo fielmente? ¿Puedes decir que estás haciendo eso? Si no, ¿qué tienes que cambiar?

Ahora, Pedro menciona dos ejemplos más de los dones (la hospitalidad en el verso 9 fue el primero).

5. [11] *El que habla, hágalo como quien expresa las palabras mismas de Dios.*

Puede ser enseñar, predicar o profetizar; siempre es una responsabilidad sagrada pararse para compartir una palabra en el Nombre de Jesús.

6. *El que presta algún servicio, hágalo como quien tiene el poder de Dios.*

Los dones son manifestaciones sobrenaturales del Espíritu Santo. Cualquier servicio o ministerio debe demostrar el poder de Dios. El don del servicio no es tan impresionante como los milagros o la profecía, pero tiene la misma importancia en la iglesia. La operación de ese don facilita el funcionamiento de la iglesia.

Otras enseñanzas acerca de los dones espirituales se encuentran en Romanos 12, 1 Corintios 12 y 14 y Efesios 5.

Así Dios será en todo alabado por medio de Jesucristo, a quien sea la gloria y el poder por los siglos de los siglos. Amén.

Cuando mantenemos estas normas, el poder de Dios se manifiesta y Él es glorificado. La tentación de quienes operan con dones impresionantes es buscar la gloria, la fama y el poder para sí mismos. Algunas veces, después de años de ministrar, olvidamos el poder de Dios y ministramos en la carne. Siempre debemos dejar que el poder de Dios fluya en el ministerio y dirigir toda la gloria y la alabanza a Él.

Es posible lamentarse, quejarse y desesperarse ante el sufrimiento. Predicar el evangelio y participar en la obra de la iglesia te brindan una visión amplia de lo que Dios quiere hacer en estos días. Es vivir con una visión del cielo y del reino de Dios.

3: Nuevo gozo en el sufrimiento

12 *Queridos hermanos, no se extrañen del fuego de la prueba que están soportando, como si fuera algo insólito.*

No es nada extraño estar en el fuego. Muchos cristianos criados con una doctrina de prosperidad y bendición no están preparados para las pruebas y persecuciones, pero Jesús dijo que son parte de esta vida (Juan 15:20). Creo que todos hemos oído eso, pero todavía nos sorprendemos ante la intensidad de las pruebas. Preguntamos: "¿Por qué? ¿Qué he hecho mal? ¿Está Dios enojado conmigo? ¿Estoy en pecado? ¿Tiene que estar tan caliente este fuego?"

Las buenas noticias para ellos son que están soportando la prueba. No se han rendido. ¿Y tú? ¿Estás aguantando la prueba? ¿Estás en el fuego? Esto es lo que Pedro dice que debe ser nuestra respuesta:

13 Al contrario, alégrense de tener parte en los sufrimientos de Cristo, para que también sea inmensa su alegría cuando se revele la gloria de Cristo.

Cómo alegrarse en el fuego

No es fácil. Solo puedes hacerlo si tienes el gozo del Señor y puedes ver más allá de la prueba, hacia la recompensa y la promesa de vida eterna. ¡Eres partícipe de los padecimientos de Cristo! En ese fuego tú puedes experimentar una comunión más íntima con tu Señor.

Es una perspectiva rara hoy en día, pero muy común en los primeros siglos de la iglesia:

- Hechos 5:41: *Los apóstoles salieron del Consejo, llenos de gozo por haber sido considerados dignos de sufrir afrentas por causa del Nombre.*
- Filipenses 3:10: *Lo he perdido todo a fin de conocer a Cristo, experimentar el poder que se manifestó en su resurrección, participar en sus sufrimientos y llegar a ser semejante a él en su muerte.*

Nuestra alegría como creyentes es muy diferente de la que experimentamos en el mundo. Nuestra mirada debe fijarse en la bendita esperanza de estar con Cristo por la eternidad y en la anticipación de ver su gloria cuando vuelva. Honestamente, ¿puedes estar feliz de participar en los sufrimientos de Cristo? ¿Alguna vez has experimentado ese gozo?

[14] Dichosos ustedes si los insultan por causa del nombre de Cristo, porque el glorioso Espíritu de Dios reposa sobre ustedes.

Otra vez, suena a las bienaventuranzas en Mateo 5. Aquí hay una promesa de un toque especial del Espíritu Santo para aquellos que están insultados por causa de Cristo (tiene que ser por causa de Él y no por ninguna tontería nuestra).

[15] Que ninguno tenga que sufrir por asesino, ladrón o delincuente, ni siquiera por entrometido. [16] Pero, si alguien sufre por ser cristiano, que no se avergüence, sino que alabe a Dios por llevar el nombre de Cristo.

Se ha repetido varias veces en esta carta: no hay beneficio en sufrir por ningún delito o crimen; ese sufrimiento es una consecuencia justa. Para sufrir por ser cristiano, debe ser obvio para todos que llevamos el nombre de Cristo y que reflejamos su vida. Nunca debes avergonzarte por un insulto porque eres "diferente", "un aleluya" o "un fanático". Si te insultan porque vas a la iglesia, llevas una Biblia o no participas en las perversiones del mundo, ¡alaba a Dios!

[17] Porque es tiempo de que el juicio comience por la familia de Dios; y, si comienza por nosotros, ¡cuál no será el fin de los que se rebelan contra el evangelio de Dios! [18] «Si el justo a duras penas se salva, ¿qué será del impío y del pecador?»

Estos son versos frecuentemente citados, y con buena razón:

- Todos van a ser juzgados.
- El juicio de los creyentes ya había comenzado en la época de Pedro y continúa aún. Dios quiere purificar su iglesia y preparar a una novia sin mancha para su Hijo.
- Es dura cosa para el justo ser salvo; hay algo terrible y temeroso esperando a los rebeldes e impíos.

¿Es posible que tú estés experimentando algún juicio de Dios ahora? ¿O tu iglesia? Dios lo hace en su misericordia para prepararnos al gran juicio. Si creen que su sufrimiento actual es duro, no es nada comparado con el infierno. Los que están en rebelión contra Dios deben temer, porque: *¡Terrible cosa es caer en las manos del Dios vivo!"* (Hebreos 10:31; Hebreos 10:19-39 es un pasaje muy relacionado con esta carta y ofrece buenos consejos para quien sufre persecución.)

La perspectiva que hace sentido del sufrimiento

19 Así pues, los que sufren según la voluntad de Dios, entréguense a su fiel creador y sigan practicando el bien.

¿Es posible que la voluntad de Dios sea sufrir? ¡Eso es lo que dice Pedro! Nos da consuelo recordar que Dios es soberano y puede salvarnos del sufrimiento, pero lo permite porque, como ya hemos visto, Él tiene un propósito en ello. No importa lo difícil que sea, el capítulo termina con tres sencillos consejos:

1. Sigue confiando en tu fiel Padre.
2. Entrégate a Dios.
3. Sigue practicando el bien.

8

Consejos para ancianos, jóvenes y todos

1 Pedro 5

Pedro ha hablado de la experiencia común de sufrimiento y ha presentado el principio del sometimiento como el fundamento de toda relación: con el gobierno, los siervos (o esclavos) y sus amos, las esposas y sus maridos, así como la actitud que rige cada relación en la iglesia. ¿Cómo podemos hacer algo tan difícil? El fundamento es la sumisión a Dios y a su voluntad. Ahora, Pedro dirige unas palabras a los líderes de la iglesia.

Para los ancianos

1 A los ancianos que están entre ustedes, yo, que soy anciano como ellos, testigo de los sufrimientos de Cristo y partícipe con ellos de la gloria que se ha de revelar, les ruego esto: 2 cuiden como pastores el rebaño de Dios que está a su cargo, no por obligación ni por ambición de dinero, sino con afán de servir, como Dios quiere.

Un anciano puede ser simplemente alguien mayor, pero en este caso son los líderes de las iglesias. Pedro está en una buena posición para hablarles, porque, a pesar de ser uno de los apóstoles principales de la iglesia, también es un anciano. Al igual que los demás ancianos, él participará en la gloria de Jesús cuando Él se revele a todo el mundo. Lo especial de Pedro es que fue testigo de los sufrimientos de Cristo, no desde lejos, sino muy cerca.

El orden para la iglesia establecido en el Nuevo Testamento

No siempre tenemos que llamarlos ancianos, pero es importante seguir el orden establecido en el Nuevo Testamento para el liderazgo de la iglesia. He conocido iglesias grandes que ni siquiera tienen ancianos. La Biblia nos da calificaciones muy claras para ellos (1 Timoteo 3:1-7, Tito 1:5-9). El Antiguo Testamento detalla un proceso de santificación y numerosos requisitos para los sacerdotes. Servir a Dios es algo muy serio.

Aquí Pedro agrega instrucciones importantes para los ancianos:

- Son pastores del rebaño de Dios; los mayordomos de las ovejas que pertenecen a Dios. Pedro equivale "anciano" con "pastor". Jesús se identificó a sí mismo como pastor (Juan 10:1-18; Lucas 15:3-7).
- Su tarea es cuidar a ese rebaño como un pastor. Hay una gran necesidad de cuidar a las ovejas, de amarlas y de brindarles el consejo de un pastor que piensa primero en su bienestar. Parte del pastoreo consiste en alimentar: enseñar la Palabra de Dios y proporcionar alimento sólido a sus ovejas. Esta es la misma comisión que Pedro recibió de su Señor en la mañana de su restauración, en la playa de Galilea (Juan 21). Jesús le mandó alimentar, cuidar, pastorear y apacentar a sus ovejas. Pedro lo tomó muy en serio y lo obedeció; ahora encomienda la misma comisión a todos los ancianos de la iglesia.
- Es un encargo de Dios. No es fácil; tienen que rendir cuentas al Pastor Supremo de las ovejas. Ezequiel 34:1-10 es una buena descripción de los fracasos de los pastores de Israel.

- Nunca debe servir como anciano por obligación, ni presionar a alguien ni usar la culpa para obligar a alguien a servir.
- Alguien que busca un puesto por ambición de dinero está descalificado. En muchos casos, el anciano es voluntario, pero incluso el día de Pedro hubo algunos que se enriquecieron por medio de esta posición. La NTV dice que *ni por el beneficio personal que puedan obtener de ello.* Esto no significa que el pastor no deba recibir un salario justo por sus labores (Mateo 10:9-10; 1 Corintios 9:1-18; 1 Timoteo 5:17-18).
- El anciano debe tener un afán de servir. Cristo dijo que quien quiera ser grande debe ser el siervo de todos (Mateo 20:26-28, Marcos 10:42-45, Lucas 22:26, Juan 13:12-17).

3 No sean tiranos con los que están a su cuidado, sino sean ejemplos para el rebaño. La NTV: *No abusen de la autoridad que tienen sobre los que están a su cargo*, y DHH: *Compórtense no como si ustedes fueran los dueños de los que están a su cuidado.*

No es con una mano dura ni dominando al rebaño. El orgullo y la vanidad destruirán al anciano. Pedro refleja lo que había aprendido de su Maestro (Marcos 10:42).

No hay lugar para quienes están en un "viaje de poder" ni para los hipócritas. El anciano debe liderar con el ejemplo, no con la fuerza. Para que el anciano sea un ejemplo, la oveja tiene que verlo y conocerlo. No puede ser en la tele o en Internet, ni simplemente predicar en el púlpito; las ovejas necesitan un buen ejemplo de esposo y padre. Para recibir la posición de anciano, ya se debe dar un buen ejemplo.

4 Así, cuando aparezca el Pastor supremo, ustedes recibirán la inmarcesible corona de gloria.

Hay una recompensa, pero no necesariamente financiera ni de reconocimiento en esta vida. Tenemos que servir con la expectativa de la aparición de Jesucristo, el Pastor supremo, el Pastor de excelencia, el Príncipe de los pastores. Él va a juzgar tu servicio y, si fue bueno, recibirás una corona de gloria.

Si eres un anciano, pastor o líder en la iglesia, estos versículos ofrecen una buena oportunidad de autoevaluación. Vemos en ellos que quién eres es más importante que lo que haces. Si tu relación con Cristo es sólida y tienes esta actitud, Dios puede usarte y el ministerio fluirá. Por otro lado, es posible predicar bien y ser un buen administrador, pero si hay problemas con estas actitudes, no tendrás un ministerio exitoso a los ojos del Señor.

Si tú deseas ser un anciano o líder en la iglesia, estas son las cualidades que debes modelar y desarrollar en tu vida ahora. Si estás en condiciones de evaluar a alguien para que sea pastor o anciano, estas son las cosas que debes buscar en esa persona.

Para los jóvenes

5 Así mismo, jóvenes, sométanse a los ancianos.

Pedro ya mandó a los siervos y a las esposas que se sometieran; ahora se dirige a los jóvenes: "así mismo" —de la misma manera que él ya instruyó a los siervos y a las esposas. Posiblemente, cuando Pedro dice "ancianos" aquí, incluye no solo a los líderes sino también a los mayores en edad. ¿Dónde están ese respeto y esa honra para los ancianos? Hay una gran falta de esta actitud tan fundamental para la vida cristiana en todos los niveles de la iglesia. A los ancianos les ayuda mucho contar con un rebaño sumiso (Hebreos 13:17), y esa actitud debe empezar en la juventud. Si eres joven, ¿tienes esa actitud de sumisión hacia los ancianos en general y hacia los ancianos que pastorean tu iglesia?

Consejos para toda la iglesia

Revístanse todos de humildad en su trato mutuo, porque

«Dios se opone a los orgullosos,
pero da gracia a los humildes».

La cuestión aquí es: ¿se aplica este mandato a todos los jóvenes o a todos los creyentes? Me parece que Pedro está terminando la carta y esta parte está dirigida a cada creyente. Nadie está exento de la tentación del orgullo. El principio es actuar con humildad en la relación unos con otros. La DHH dice: *Todos deben someterse unos a otros con humildad.*

La persona orgullosa está en guerra contra Dios. Dios se opone a los orgullosos y exalta o concede gracia a los humildes. Aquí Pedro cita Proverbios 3:34. Si te parece que Dios está en tu contra, ¿puede ser que tengas orgullo del que tengas que renunciar? Dios da su gracia libremente a los humildes. ¿Estás experimentando esa gracia? Si no, ¿tendrás que humillarte?

6 Humíllense, pues, bajo la poderosa mano de Dios, para que él los exalte a su debido tiempo.

Dios frustrará los esfuerzos de la persona que intenta exaltarse a sí misma, y Él tiene una mano poderosa. Se opondrá a todo lo que hagas al respecto. Confía en Dios; Él te exaltará a su debido tiempo. Casi siempre es más tarde de lo que esperamos, pero es mucho mejor esperar su tiempo. ¿Cómo te humillas a ti mismo?

- Busca cada oportunidad para servir.
- Siempre toma el lugar más bajo, el último en la fila.
- Practica la sumisión. En cada situación, busca a la persona con autoridad y sométete a ella.

Dios llama a aquellos humildes, quienes, vaciados de toda confianza en su propio poder, sabiduría y justicia, buscan todo el bien solo de Dios. Si tú no te humillas, Dios te ama tanto que a menudo Él te humillará, pero es mucho mejor tomar la iniciativa y humillarte a ti mismo. Cristo es nuestro ejemplo aquí (Filipenses 2:8-9).

(Yo he escrito un libro sobre este tema: Humíllate.)

[7] Depositen en él toda ansiedad, porque él cuida de ustedes.

Siempre habrá ansiedad, sobre todo cuando eres perseguido y sufres como estos hermanos, pero Dios te cuida. No tienes que estar ansioso; pon todas tus preocupaciones y ansiedades en manos de Dios. Él sabe cómo manejarlas y te librará de toda esa ansiedad. No te sometas a las circunstancias, sino a Dios, quien las controla.

[8] Practiquen el dominio propio y manténganse alerta. Su enemigo el diablo ronda como león rugiente, buscando a quién devorar. [9] Resístanlo, manteniéndose firmes en la fe, sabiendo que sus hermanos en todo el mundo están soportando la misma clase de sufrimientos.

Estamos en una guerra espiritual. Hay un diablo que quiere destruirte y devorarte. No tiene ninguna misericordia. Él es tu enemigo; no es tu cónyuge, tu jefe ni tu pastor (Efesios 6:12). Él busca a alguien que pase por tribulaciones, enfermedades o depresiones. Espera un momento de debilidad y, como un león, ataca para devorarte. Tú no eres único; los hermanos de todo el mundo están sujetos a las mismas tentaciones y ataques. Dios te ayudará, pero también hay varias cosas que tú debes hacer.

- **Practica el dominio propio**. Sé sobrio y prudente. Cuando nos permitimos ver cosas inmundas en Internet o en la televisión, abrimos la puerta al diablo. Cuando carecemos de dominio propio para evitar entrar en una cantina u otro lugar de mucha tentación, nos convertimos en blancos para el león.

- **Mantente alerta.** Vela. No hay oportunidad de descansar. En el momento en que bajamos la guardia, el león nos atacará. Observa bien lo que sucede a tu alrededor, en tu hogar y en tu familia, y dentro de ti, en tus emociones y frustraciones.
- **Resístelo.** Cuando te encuentres cara a cara con el diablo, no te rindas. Resístelo. Santiago 4:7 añade una promesa: *Resistan al diablo, y él huirá de ustedes*. Reclama esa promesa y no te canses de luchar.
- **Mantente firme en la fe**. Tu fe es tu escudo contra sus ataques (Efesios 6:16). No dejes que las dudas entren en tu mente. Recuerda al diablo quién eres.

10 Y, después de que ustedes hayan sufrido un poco de tiempo, Dios mismo, el Dios de toda gracia que los llamó a su gloria eterna en Cristo, los restaurará y los hará fuertes, firmes y estables. 11 A él sea el poder por los siglos de los siglos. Amén.

No hay promesa de libertad del sufrimiento. Dios puede permitirlo y, a veces, incluso puedes caer. Pero la promesa a la que debes aferrarte es que, después de un poco de tiempo, Dios te restaurará y te hará fuerte, firme y estable. RVR: *os perfeccione, afirme, fortalezca y establezca*. NTV: *él los restaurará, los sostendrá, los fortalecerá y los afirmará sobre un fundamento sólido*.

Es Dios quien te llamó con un propósito: compartir su gloria eterna en Cristo. Seguramente Él hará lo que sea necesario para llevarte al cielo; es el Dios de toda gracia.

Este conocimiento lleva a Pedro a alabarle; que el poder y la gloria, por los siglos de los siglos, sean para Cristo.

Últimos saludos

[12] *Con la ayuda de Silvano, a quien considero un hermano fiel, les he escrito brevemente, para animarlos y confirmarles que esta es la verdadera gracia de Dios. Manténganse firmes en ella.*

¿Están sufriendo? Pedro les recuerda un don, la gracia de Dios. Si se mantienen firmes en la gracia, todo va a estar bien. El propósito de Pedro ha sido animarlos y confirmarlos en esa gracia. Pedro sabe lo fácil que es vacilar en la prueba, como niños fluctuantes, con muchos altibajos, pero si aprendemos a vivir por la gracia de Dios, habrá estabilidad en nuestras vidas.

Silvano era un hermano fiel. ¿Hay hermanos infieles? Probablemente. Este Silvano ha sido especial para Pedro, quien no fue estudiado y probablemente no pudo escribir en griego. Silvano lo ayudó. Otro nombre de Silvano es Silas; este es el mismo compañero de Pablo en su segundo viaje misionero (y compañero de cárcel en Filipos). Era un profeta (Hechos 15:32) y llevó la decisión del concilio de Jerusalén a Antioquía. Aunque a veces puede parecer que Pablo y Pedro operaban en esferas distintas, había compañerismo entre ellos, y posiblemente ambos estaban en Roma.

[13] *Saludos de parte de la comunidad que está en Babilonia, escogida como ustedes, y también de mi hijo Marcos.* [14] *Salúdense los unos a los otros con un beso de amor fraternal.*

Babilonia, casi seguro, es Roma; Pedro escribió desde esa ciudad. No sabemos de ningún hijo natural de Pedro; Marcos fue un hijo espiritual, quien escribió el evangelio basándose en lo que Pedro le contó. Era primo de Bernabé y compañero de Pablo durante su encarcelamiento en Roma.

Paz a todos ustedes que están en Cristo.

En medio de la lucha y la persecución, Pedro los bendice con la paz de Cristo, porque están *en* Cristo, un lugar seguro y pacífico.

2 Pedro

Esta carta fue escrita tres años después de la primera, aproximadamente en el año 67 d.C., y fue dirigida a todas las iglesias. La dura persecución bajo el emperador Nerón continuó y Pedro se dio cuenta de que le quedaba poco tiempo. Interesantemente, este fue el último libro admitido en el canon del Nuevo Testamento. Hubo dudas acerca de quién la escribió, aunque Pedro se nombra claramente como el autor. Pedro la escribió como antídoto contra el estancamiento y la miopía en la vida cristiana, algo que sigue siendo un gran problema en la iglesia actual. Satanás emplea diversas estrategias para destruir la iglesia. Habían soportado la persecución, pero ahora había una fuerte amenaza de los falsos profetas. Con su perspectiva sobre el acercamiento del regreso de Cristo, esta carta tiene un mensaje muy importante para nosotros.

9

Cómo nunca caer

2 Pedro 1:1-11

[1]Simón Pedro, siervo y apóstol de Jesucristo, a los que por la justicia de nuestro Dios y Salvador Jesucristo han recibido una fe tan preciosa como la nuestra.

Un siervo

Pedro era una de las columnas de la iglesia primitiva, pero, de acuerdo con la enseñanza y el ejemplo de su Maestro, se considera un siervo. Sí, también es un apóstol, pero el que quiere ser grande tiene que ser el siervo de todos. En ese entonces, los falsos maestros se levantaron para dominar las iglesias. Pedro se diferencia de ellos al identificarse a sí mismo como siervo. ¿Conoces a "apóstoles" en la iglesia de hoy? ¿Tienen esa actitud de siervo?

Todos recibimos gracia y fe

Pedro también se identifica con la gente que recibe esta carta. Cada creyente ha recibido la misma preciosa fe. Otra vez, a diferencia de los falsos maestros y gnósticos que afirmaron tener un conocimiento especial, Pedro afirma que todos *recibimos* la misma gracia del Señor. A veces podemos pensar en la fe como algo que tenemos que producir; Pedro dice que la recibimos. Dios nos da la capacidad de creer. Es la justicia de Jesús (no la mía, que es como trapos de inmundicia) la que nos concede esa fe. Pedro escribe ahora para toda la iglesia; no solo para las iglesias nombradas en su primera carta.

Cristo es Dios

Una herejía que ha plagado la iglesia a lo largo de los siglos es la enseñanza de que Cristo no es Dios. Cristo es la piedra de tropiezo para varios grupos, que insinúan que adoramos a dos (o tres) dioses. Ellos dicen que la Biblia no afirma que Cristo es Dios, pero aquí Pedro lo afirma claramente: Jesucristo es Dios y Salvador.

Los frutos de nuestro conocimiento de Cristo

[2] Que abunden en ustedes la gracia y la paz por medio del conocimiento que tienen de Dios y de Jesús nuestro Señor.

¿Quieres más gracia y paz en tu vida? Vienen a través de tu conocimiento de Dios. Acércate a Jesús y lee la Biblia para crecer en ese conocimiento y en tu experiencia de su gracia y paz. Esta es la primera de las dos veces en este capítulo en que Pedro usa la palabra “abundar”. No debemos simplemente saborearlas; la gracia y la paz deben abundar en nosotros. ¿Estás creciendo en tu conocimiento de Jesús? No solo intelectualmente, ni en el conocimiento de la Biblia, sino también en el conocimiento personal en relación con Él.

Una vez más, Pedro ya está luchando contra la enseñanza gnóstica del conocimiento especial. Ellos trajeron confusión y el sentimiento de que hay algo que tenemos que hacer para recibir este conocimiento. Pedro dice que son frutos de un conocimiento personal de Jesús y de nuestra relación con Él.

Todas las cosas que pertenecen a la vida y a la piedad

[3] Su divino poder, al darnos (mediante) el conocimiento de aquel que nos llamó por su propia gloria y excelencia, nos ha concedido todas las cosas que necesitamos para vivir como Dios manda (RVR: *todas las cosas que pertenecen a la vida y a la piedad*). *[4] Así*

Dios nos ha entregado sus preciosas y magníficas promesas para que ustedes, luego de escapar de la corrupción que hay en el mundo debido a los malos deseos, lleguen a tener parte en la naturaleza divina.

El verso 3 confirma nuevamente lo que Pedro acaba de decir: Ya Dios nos ha concedido todo lo que necesitamos. Es un don. Los falsos maestros no pueden ofrecerles algo que necesiten más allá de lo que ya tienen. El mismo peligro existe hoy cuando alguien te ofrece una nueva revelación. Ten mucho cuidado con lo que recibes.

El proceso de nuestra salvación

Hay una progresión, un proceso, muy obvia aquí. Empezamos perdidos, destinados al infierno, y terminamos compartiendo la naturaleza divina. Hay algo que Dios, en su divino poder, hace, y algo que nosotros tenemos que hacer: conocerlo, reclamar sus promesas y luchar contra los malos deseos.

Dios nos llamó.

Su propia gloria y excelencia lo motivan y trabajan porque quiere que nosotros participemos en estas bendiciones.

Su divino poder ha hecho posible nuestra redención y salvación.

Una vez salvos, tenemos que cambiar: ya tú no mandas; Dios manda. Pero Él ha hecho todo lo necesario para hacerlo posible, dándonos todas las cosas que pertenecen a la vida y a la piedad.

Recibimos estas cosas mediante el conocimiento que Dios nos da de sí mismo.

Conociendo algo de su santidad y gloria, y ya poseyendo todo lo que necesitamos para obedecerlo, huimos, escapamos de la corrupción que hay en el mundo debido a los malos deseos.

Dios nos entrega sus preciosas y magníficas promesas.

Llegamos a tener parte en la naturaleza divina.

La mayor parte de este proceso es obra de Dios. Incluso el conocimiento que tenemos de Dios es un don, por medio de la revelación y de la obra del Espíritu Santo en nosotros. Esa revelación, ese conocimiento, nos motiva a huir del pecado. Ten cuidado con cualquier enseñanza que menosprecia la gravedad del pecado y no conduce a la santidad; tenemos que recibir, escuchar y meditar en lo que Dios ya nos ha revelado.

Las promesas de Dios

Solo después de pasar por este proceso, Dios nos entrega sus promesas. Son preciosas y magníficas, y Él no va a entregarlas a alguien con una mente corrupta, atado a satisfacer los malos deseos de su carne. No es posible enumerar todas las promesas bíblicas, pero se estima que hay alrededor de 3000. Yo he visto cajitas con una tarjetita por cada día con una promesa. Dios nos las entrega, pero nosotros tenemos que buscarlas, estudiarlas y reclamarlas.

¿Participar en la naturaleza divina?

¿Cómo es posible tener parte de la naturaleza divina? ¿Significa eso que nos convertimos en dioses? Claro que no, pero con el conocimiento que Dios nos ha dado, experimentamos el milagroso cumplimiento de sus promesas, estamos libres de pecado y tenemos una nueva naturaleza más cercana a lo divino que a lo carnal. Si no huimos de la corrupción del mundo, no es posible participar en esa naturaleza divina. Compartimos su santidad, como Pedro nos mandó en su primera carta (1:16): *Sean santos, porque yo soy santo*.

¿Dónde estás en este proceso?

¿Estás creciendo en tu conocimiento de Dios? ¿Has huido de la corrupción del mundo? ¿O aún vives para satisfacer los malos deseos de tu carne?

¿Cuántas de las promesas de Dios conoces? Sería bueno tener un cuaderno para registrar cada promesa que encuentres en la Biblia y cómo y cuándo Dios la cumple.

Tal vez la primera promesa para reclamar es la realidad de que Dios ya te ha dado todo lo que necesitas para vivir como Él manda. ¿Lo crees?

Dios ha hecho una obra maravillosa para nosotros. Y precisamente porque la meta es algo tan asombrosa (participar en la naturaleza divina), depende de nosotros esforzarnos para conformarnos a su imagen.

¡Otro proceso!

[5] Precisamente por eso, esfuércense por añadir a su fe, virtud; a su virtud, entendimiento; [6] al entendimiento, dominio propio; al dominio propio, constancia; a la constancia, devoción a Dios; [7] a la devoción a Dios, afecto fraternal; y al afecto fraternal, amor.

NTV: *[5] En vista de todo esto, esfuércense al máximo por responder a las promesas de Dios complementando su fe con una abundante provisión de excelencia moral; la excelencia moral, con conocimiento; [6] el conocimiento, con control propio; el control propio, con perseverancia; la perseverancia, con sumisión a Dios; [7] la sumisión a Dios, con afecto fraternal, y el afecto fraternal, con amor por todos.*

Algunos han dicho que estos son solo varios aspectos de la vida cristiana, sin ningún orden, pero dice *añadir*; me parece claro que es una progresión. No es posible trabajar en todas estas cosas a la vez. Es parecido a lo que Pablo dice en Romanos 5: 3 y 4: *sabemos que el sufrimiento produce perseverancia; la perseverancia, entereza de carácter; la entereza de carácter, esperanza.* Aquí, el fundamento es nuestra fe; todo empieza con esa fe en Dios:

Fe (la verdadera fe siempre se manifiesta en obediencia y acción)

Virtud (buena conducta, excelencia moral)

Entendimiento (conocimiento)

Dominio propio (muchos falsos maestros carecen de esto)

Constancia (perseverancia, paciencia)

Devoción a Dios (sumisión a Dios, piedad)

Afecto (cariño) fraternal

Amor (ágape)

Algunas observaciones sobre este proceso:

- Todo empieza con la fe. Sin fe en Dios, podemos trabajar y hacer esfuerzos para mejorar, pero todo será en la carne y terminaremos frustrados.
- Parece que no es de una vez por todas. Por ejemplo, la buena conducta siempre puede ser un reto y una lucha.
- Nuestro entendimiento crece con el estudio de la Palabra y con una sólida enseñanza y predicación en la iglesia.
- De acuerdo con muchos textos bíblicos, el amor es lo más importante y el objetivo de nuestro discipulado. Las demás cosas proporcionan el fundamento necesario para que podamos amar con el amor ágape de Dios.

- Sí, es un trabajo arduo. Tenemos que dedicarnos a este proceso, pero la mayoría de estas cosas también son frutos del Espíritu Santo. Luego, a medida que crecemos en nuestra comunión con el Espíritu, Él los producirá en nosotros.

¿Puedes decir que te has esforzado al máximo para trabajar con estas cosas? Lo que yo he observado es que, de vez en cuando, hacemos un esfuerzo por crecer; vamos a un seminario o retiro, o leemos un libro. Pero para la mayoría no es una prioridad. ¿Dónde estás en este proceso? ¿Qué nota (de la A a la F) te darías a cada característica?

[8] Porque estas cualidades, si abundan en ustedes, los harán crecer en el conocimiento de nuestro Señor Jesucristo, y evitarán que sean inútiles e improductivos. [9] En cambio, el que no las tiene es tan corto de vista que ya ni ve, y se olvida de que ha sido limpiado de sus antiguos pecados. [10] Por lo tanto, hermanos, esfuércense más todavía por asegurarse del llamado de Dios, que fue quien los eligió. Si hacen estas cosas, no caerán jamás, [11] y se les abrirán de par en par las puertas del reino eterno de nuestro Señor y Salvador Jesucristo.

Si haces estas cosas, no caerás jamás

Es cierto que no somos salvos por las obras, pero muchas veces eso nos conduce a pensar que Cristo hace todo y que nosotros no tenemos que hacer nada: "Soy elegido y tengo mi boleto para el cielo. Ya que no puedo perder mi salvación, puedo vivir como quiera." Pedro ha encontrado esa actitud y sabe lo peligrosa que es. Si necesitas más motivación para esforzarte y trabajar en estas cosas, Pedro nos da varios frutos de este trabajo y las consecuencias de no hacerlo.

- Te harán crecer en tu conocimiento de Jesús. ¿Es importante que lo conozcas mejor? No importa si ya tienes 20 años caminando con Dios; siempre hay más que aprender acerca de Jesús.

- Evitarán que seas inútil e improductivo. Mejor dicho, serás muy útil en el Reino de Dios y productivo en tu servicio a Él. Si te has sentido inútil, puede que sea porque estas cosas no abunden en tu vida.
- Dios te eligió, pero tenemos que asegurarnos de su llamado. ¿Hay veces en que dudes de tu llamado y de si eres elegido por Dios? Dedícate a trabajar en estas cosas y Dios te asegurará tu llamamiento.
- Se te abrirán las puertas del reino de Jesucristo. ¿Podría ser que, si no te esfuerzas por trabajar con estas cosas, las puertas no se te abran? Yo no quiero arriesgarme a eso.
- ¡No caerás jamás! Esa es una de las preciosas promesas, una garantía: no es inevitable que caigamos.

Estas cualidades deben *abundar* en ti. Pedro tiene palabras fuertes para la persona que echa en menos estas cualidades:

- Es corto de vista. Está ciego a las realidades de un caminar con Cristo.
- Ha olvidado que ha sido limpiado de sus pecados anteriores.

Son once versículos cortos, pero ¡qué introducción a esta carta! Medita en estos procesos y en lo que Dios quiere para ti ahora. Son tan impresionantes que Pedro dice que siempre tiene que recordarles a los creyentes estas cosas.

10

La experiencia de Pedro

2 Pedro 1:12-21

[12] *Por eso siempre les recordaré estas cosas, por más que las sepan y estén afianzados en la verdad que ahora tienen.*

Puede parecer que estas cualidades son elementales, pero son tan importantes que siempre vale la pena recordarlas. Pedro sabe que ya las conocen y se mantienen firmes en ellas, pero son cuestiones de salvación:

- 1:3: *las cosas que necesitamos para vivir como Dios manda.* Si no vivimos como Dios manda y no sabemos lo que mandó, ¿cómo vamos a entrar en su reino?
- 1:8: *si estas cosas están en vosotros, y abundan, no os dejarán estar ociosos ni sin fruto.* Juan 15 nos dice que Dios quita las ramas infructíferas y las echa al fuego.
- 1:10: *esfuércense más todavía por asegurarse del llamado de Dios.* Hay cosas que tenemos que hacer para que nuestra elección sea firme y para asegurar nuestro llamado.

Entonces, ¡con buena razón Pedro les recordará! Yo he escuchado a hermanos quejarse después de una predicación básica, pero no seas orgulloso. Hay valor en recordarnos de ellas, y la verdad es que pocos realmente andan firmes en ellas.

La habitación pasajera del cuerpo

[13] Además, considero que tengo la obligación de refrescarles la memoria mientras viva en esta habitación pasajera que es mi cuerpo; [14] porque sé que dentro de poco tendré que abandonarlo, según me lo ha manifestado nuestro Señor Jesucristo. [15] También me esforzaré con empeño para que aun después de mi partida ustedes puedan recordar estas cosas en todo tiempo.

Similar a Jesús en el Aposento Alto la noche de su arresto, estas son las cosas que ocupan el corazón de Pedro poco antes de su muerte.

El joven Pedro, que conocimos en los evangelios, probablemente pensó poco sobre la muerte. Así son los jóvenes, pero a lo largo de los años, la muerte y la eternidad se vuelven cada vez más reales. Pablo se refirió al cuerpo como un "*vaso de barro*" (2 Corintios 4:7), y Pedro, aquí, reconoce que es una "habitación pasajera". Algún día, todos vamos a "abandonar" esta habitación. Por la gracia de Dios, nos sirve bastante bien en esta tierra, pero Dios tiene un cuerpo glorificado y perfecto que nos espera en el cielo.

Empeño y diligencia

El anciano responsable también quiere dejar a quienes los sobreviven capacitados y equipados para que puedan prosperar en esta vida. Para Pedro, los temas de esta carta son los más importantes para asegurarlo. Él puede descansar, sabiendo que ha hecho su parte, pero primero se esfuerza con empeño por compartir esta palabra importante. El empeño es la actitud de la persona que pone mucho esfuerzo, interés y perseverancia para lograr algo. Dios Habla Hoy dice: *haré todo lo posible*; la Reina Valera dice: *procuraré con diligencia*. ¿Puedes decir que empeño y diligencia caracterizan tu servicio al Señor? ¿Haces todo lo posible por ayudar a tus hermanos cristianos?

El último testamento de un padre o de alguien muy importante en tu vida debería tener más peso. Pedro ha cumplido el mandato de Jesús de apacentar y alimentar a sus ovejas (Juan 21:15-16). Creemos que Marcos escribió el segundo evangelio trabajando estrechamente con Pedro para recordarnos las palabras de Jesús.

Antes de morir…

Muchos no quieren pensar en la muerte, pero ¿estás preparado? ¿Tienes todo en orden? ¿Sabe tu cónyuge qué hacer si mueres? ¿Hay alguna obligación que tengas que cumplir? ¿Hay algo que puedas cambiar ahora para no sentir remordimiento en el lecho de muerte? ¿Qué tipo de legado vas a dejar?

La experiencia personal de Pedro

16 Cuando les dimos a conocer la venida de nuestro Señor Jesucristo en todo su poder, no estábamos siguiendo sutiles cuentos supersticiosos, sino dando testimonio de su grandeza, que vimos con nuestros propios ojos. 17 Él recibió honor y gloria de parte de Dios el Padre, cuando desde la majestuosa gloria se le dirigió aquella voz que dijo: «Este es mi Hijo amado; estoy muy complacido con él». 18 Nosotros mismos oímos esa voz que vino del cielo cuando estábamos con él en el monte santo.

De todos los apóstoles, Pedro tal vez tenía el testimonio más personal. Pedro pasó muchas horas con Jesús, lo tocó y caminó hacia Él sobre las aguas. De esos tres años de caminar con Jesús, lo más impresionante para Pedro fue la transfiguración (Mateo 17:1-8, Lucas 9:28-36), cuando vio a Jesús en su gloria y escuchó la misma voz del Padre que afirmaba a su Hijo.

Jesucristo no es un mito y los evangelios no son historias supersticiosas; Pedro estaba allí, a diferencia de los falsos maestros que él condenará.

Profecía impulsada por el Espíritu

[19] Esto ha venido a confirmarnos la palabra de los profetas, a la cual ustedes hacen bien en prestar atención, como a una lámpara que brilla en un lugar oscuro, hasta que despunte el día y salga el lucero de la mañana en sus corazones. [20] Ante todo, tengan muy presente que ninguna profecía de la Escritura surge de la interpretación particular de nadie. [21] Porque la profecía no ha tenido su origen en la voluntad humana, sino que los profetas hablaron de parte de Dios, impulsados por el Espíritu Santo.

No es solo la experiencia personal; nuestra fe se basa en los registros de cuatro escritores sobre la vida y las palabras de Jesucristo y se confirma por las profecías del Antiguo Testamento cumplidas en Jesús.

- La transfiguración fue una confirmación de la veracidad del Antiguo Testamento, con la aparición de Elías y Moisés.
- Debemos prestar atención a los profetas.
- Su palabra es una lámpara que brilla en un lugar oscuro.
- Los eruditos hablan del "estilo" de Isaías o de cómo Jeremías "escribió" Lamentaciones. Pero los profetas fueron impulsados por el Espíritu Santo y hablaron de parte de Dios mismo.
- La profecía jamás surgió de la comprensión personal de los profetas ni de iniciativa humana.

¡Qué hermosa imagen! El lucero de la mañana brilla en nuestros corazones. Eso sucederá cuando amanezca el día del Señor y Cristo vuelva a este mundo.

Yo soy la raíz y la descendencia de David, la brillante estrella de la mañana.

Apocalipsis 22:16

11

Los falsos maestros y su destrucción

2 Pedro 2

Las divisiones de los capítulos se agregaron a la Biblia más tarde y, a veces, interrumpen el flujo del pensamiento del autor. En griego, el versículo 1 de este capítulo empieza con "pero". Esa palabra siempre es importante; lástima que la NVI la haya eliminado de su traducción. El propósito del "pero" es claro: Pedro termina el capítulo 1 con una fuerte afirmación sobre la inspiración e importancia de la profecía, pero está muy preocupado por la proliferación de la herejía, la falsa doctrina y los falsos profetas. Tomó en serio la palabra de Jesús: *Porque surgirán falsos Cristos y falsos profetas que harán señales y milagros para engañar, de ser posible, aun a los elegidos. Así que tengan cuidado; los he prevenido de todo* (Marcos 13:22 y 23).

Profecía y falsa doctrina en la iglesia de hoy

Hoy existe una falta de conocimiento de la doctrina sólida y bíblica, así como de la historia de la iglesia y de las herejías a lo largo de los años. Esa carencia nos hace vulnerables a las falsas doctrinas. Algunas personas creen que la doctrina y la teología, y su estudio, no son importantes, pero para Dios hay verdad y hay mentiras. Satanás es el padre de la mentira y el engañador; hoy, más que nunca, él sabe que su tiempo es corto y está engañando mucho a la iglesia.

La práctica de la profecía en la iglesia de hoy es polémica. Pablo habla de su importancia en 1 Corintios 14 y nos advierte en 1 Tesalonicenses 5:20: *no desprecien las profecías*. Pero la situación actual es la misma que la del apóstol Pedro: hay muchos falsos profetas y debemos tener mucho cuidado y discernimiento. Posiblemente, como en el Antiguo Testamento, haya más falsos profetas que verdaderos, pero no rechazamos el mensaje de Dios por ellos.

Características de los falsos profetas

[1]En el pueblo judío hubo falsos profetas, y también entre ustedes habrá falsos maestros que encubiertamente introducirán herejías destructivas, al extremo de negar al mismo Señor que los rescató. Esto les traerá una pronta destrucción. [2] Muchos los seguirán en sus prácticas vergonzosas, y por causa de ellos se difamará el camino de la verdad. [3] Llevados por la avaricia, estos maestros los explotarán a ustedes con palabras engañosas. Desde hace mucho tiempo su condenación está preparada y su destrucción los acecha.

¿Sabes cómo identificar y responder a los falsos profetas y maestros? Muchos en el pueblo judío los aceptaron (porque los falsos profetas dijeron lo que querían escuchar) y persiguieron a los verdaderos profetas de Dios (porque a menudo tenían una palabra difícil). Aquí averiguamos algunas características de los falsos maestros:

- Encubiertamente introducen herejías destructivas.
    - La herejía siempre es destructiva: Destruye la fe de los creyentes, la pureza de la enseñanza bíblica y la obra del evangelio.
    - Dice que "introducen" las herejías, es decir, son enseñanzas nuevas que no se conocían antes.
    - No se presentan como enviados por el diablo; vienen encubiertos, lobos vestidos de oveja. Parecen ungidos por Dios; saben todas las palabras correctas.

- Fueron rescatados por el Señor; tenían algún conocimiento del evangelio.
- Pueden llegar al extremo de negar a Jesús.
- Muchos los seguirán en sus prácticas vergonzosas. Prepárate para ver sus herejías aceptadas en los medios de comunicación y para ser presionado por los "muchos" para seguir la misma herejía. No son solo *doctrinas* falsas sino también *prácticas*. Solo podemos imaginar lo que serían, pero son vergonzosas; lo más común sería la inmoralidad sexual.
- Debido a ellos, se difamará el camino de la verdad.
- Se centran en el dinero; son llevados por la avaricia y usan palabras engañosas para explotar a los creyentes y robarles. La NTV dice: *inventarán mentiras ingeniosas para apoderarse del dinero de ustedes*.

Pedro habla de la "pronta destrucción" que los acecha, con una condena preparada, lo que nos introduce a los siguientes versículos. Como muchas cosas "prontas" en la vida cristiana, nos puede parecer que no es suficientemente pronto; la demora de su juicio puede consternarnos.

Tres ejemplos de la certeza del juicio

Pedro ahora nos da tres ejemplos del pasado que respaldan su afirmación de que seguramente Dios juzgará a estos falsos maestros; nadie está exento del justo juicio de Dios.

- **Los ángeles**: [4]*Dios no perdonó a los ángeles cuando pecaron, sino que los arrojó al abismo, metiéndolos en tenebrosas cavernas y reservándolos para el juicio.* Ellos son Satanás y la tercera parte de los ángeles que se rebelaron junto con el diablo. En ese caso, no hay oportunidad de arrepentimiento ni de perdón. Pedro incluye algunas cosas curiosas:

  - Dios arrojó a esos ángeles al abismo.
  - Los metió en tenebrosas cavernas.
  - Los reservó para el juicio.

Eso nos presenta algunas preguntas:

  - Si esos demonios están metidos en cavernas, ¿cómo pueden atacarnos ahora? La Biblia no lo explica, pero parece que hay algunos encarcelados y otros libres para oprimirnos.
  - ¿Qué les pasará en el juicio? Todos esos ángeles (incluido Satanás) serán condenados al infierno eternamente.

- **El mundo antiguo antes del diluvio**: [5] *Tampoco perdonó al mundo antiguo cuando mandó un diluvio sobre los impíos, aunque protegió a ocho personas, incluyendo a Noé, predicador de la justicia.* Nadie más en esa época buscó a Dios para arrepentirse y pedir perdón, y parece que solo la justicia de Noé permitió que su familia sobreviviera. Esta es la única vez en las Escrituras en que se le llama a Noé "*predicador de la justicia*"." Así como Noé resistió la presión de los impíos y predicó fielmente la justicia de Dios, estos creyentes sufrientes pueden resistir a los falsos maestros y perseverar en la persecución. Dios también nos protegerá.

- **Sodoma y Gomorra**: [6] *Además, condenó a las ciudades de Sodoma y Gomorra, y las redujo a cenizas, poniéndolas como escarmiento para los impíos.* El primer ejemplo es de seres celestiales, el segundo, de la destrucción del mundo entero, y este, de un juicio enfocado en dos ciudades conocidas por su perversidad. No hay duda de que Dios castiga y juzga a los impíos.

Dios libra al justo

Pedro da una perspectiva muy positiva sobre Lot, a diferencia de la historia en Génesis 18 y 19, donde parece que es más la intercesión de Abraham que la justicia de Lot la que lo salvó: [7] *Por otra parte, libró al justo Lot, que se hallaba abrumado por la vida desenfrenada de esos perversos,* [8] *pues este justo, que convivía con ellos y amaba el bien, día tras día sentía que se le despedazaba el alma por las obras inicuas que veía y oía.*

- Lot fue abrumado por el pecado que lo rodeaba.
- Los habitantes de esas ciudades eran perversos y vivían una vida desenfrenada.
- A pesar del pecado, Lot convivía con ellos y amaba el bien.
- Lot veía y oía sus obras inicuas.
- Día tras día sentía que se le despedazaba el alma.

Lot no era perfecto, pero Dios aún lo rescató, por lo que estos lectores pueden confiar en que Dios los rescatará.

[9] *Todo esto demuestra que el Señor sabe librar de la prueba a los que viven como Dios quiere, y reservar a los impíos para castigarlos en el día del juicio.* [10] *Esto les espera sobre todo a los que siguen los corrompidos deseos de la naturaleza humana y desprecian la autoridad del Señor.*

El pecado es pecado, pero hay algunos pecados más graves ante el Señor. Aquí Pedro menciona dos:

- Seguir los deseos corrompidos de la naturaleza humana. En este caso es aún peor porque están corrompiendo a la iglesia. Pablo dijo (1 Corintios 3:17) que Dios destruirá a quien destruya su templo (la iglesia).

- Despreciar la autoridad del Señor. A diferencia de la sumisión que Pedro presentó como fundamento de toda la vida cristiana en su primera carta, ellos son rebeldes.

Hay claramente dos grupos, y los ejemplos que Pedro dio del Antiguo Testamento confirman cómo Dios actúa:

- Los impíos, que serán castigados en el día del juicio.
- Los que viven como Dios quiere. El Señor sabe liberarlos de la prueba. Serían buenas noticias para estos creyentes que han sufrido durante años bajo la persecución de Nerón y ahora por el engaño de los falsos maestros, pero fácilmente pueden pensar: ¿Hasta cuándo?

La Biblia menciona otros pecados muy serios, como hacer un pequeño tropezar (Mateo 18:6). En su descripción del pecado en Romanos 1, Pablo parece presentar el pecado sexual, y especialmente la homosexualidad, como la expresión más perversa de nuestra naturaleza caída y rebelde.

La perversidad de los falsos maestros

Aquí Pedro empieza una serie de denuncias contra los falsos maestros, utilizando una variedad de imágenes para comunicar su perversidad.

10¡Atrevidos y arrogantes que son!

Soberbios y completamente carentes de humildad. Orgullosos, tercos y obstinados. Vigilen la arrogancia de los líderes de la iglesia; es una tentación fuerte, pero completamente contraria a la humildad que Cristo exige de sus siervos. La persona terca puede decir que actúa así porque no puede comprometer la verdad, pero a menudo es una expresión de su orgullo. Casi siempre carecen de sumisión a la autoridad de Dios, de la Biblia u otros.

No tienen reparo en insultar a los seres celestiales, [11] *mientras que los ángeles, a pesar de superarlos en fuerza y en poder, no pronuncian contra tales seres ninguna acusación insultante en la presencia del Señor.*

Parece que parte de su error fue insultar a los ángeles (posiblemente a los caídos), algo que Pedro considera abominable. Ni siquiera los ángeles de Dios tienen esa audacia. Hay que tener cuidado con cómo hablamos de los demonios y el diablo; hacer una acusación insultante en presencia del Señor es muy serio.

[12] *Pero aquellos blasfeman (hablan mal, se burlan) en asuntos que no entienden.*

¿Incluso la blasfemia contra el Espíritu Santo, el pecado imperdonable? Probablemente no. Lo que yo he observado mucho es que los predicadores o maestros hablan mal y se burlan de las prácticas de otras iglesias, o de doctrinas polémicas: el rapto, el milenio y los dones espirituales (como hablar en lenguas). Si hay alguien en error, es nuestro deber informar a la iglesia acerca de ellos, pero siempre con humildad y nunca burlándose de otros ministros.

Como animales irracionales, se guían únicamente por el instinto, pues nacieron para ser atrapados y degollados. Lo mismo que esos animales, perecerán también en su corrupción [13] *y recibirán el justo pago por sus injusticias.*

Cosechamos lo que sembramos. Lo que se siembra se recoge. Pedro los denigra, equiparándolos a animales. No es para despreciar a los animales (son creados por Dios), pero un animal no razona, sino que vive por instinto. Parece que muchos animales viven para morir y para proveernos de alimento.

Su concepto de placer es entregarse a las pasiones desenfrenadas en pleno día. Son manchas y suciedad, que gozan de sus placeres mientras los acompañan a ustedes en sus comidas.

Tal como Sodoma y Gomorra, tienen vidas desenfrenadas, dominadas por sus pasiones. Tienen la audacia de satisfacer esas pasiones en pleno día. El placer es su dios, pero también participan en las comidas de la iglesia (incluso en la Santa Cena).

En cada una de estas fallas, su falsedad será evidente para quien analiza y observa cuidadosamente. ¡No te dejes engañar por las apariencias ni por las promesas!

14 *Tienen los ojos llenos de adulterio y son insaciables en el pecar; seducen a las personas inconstantes; son expertos en la avaricia, ¡hijos de maldición!*

Donde hay falsos maestros, falsos profetas y falsas doctrinas, casi siempre hay pecado sexual:

- Tienen los ojos llenos de adulterio (DHH: *No pueden ver a una mujer sin desearla*)
- Son insaciables en el pecar
- Seducen a gente inconstante e inestable
- Son expertos en la avaricia
- Son hijos de maldición

15 *Han abandonado el camino recto, y se han extraviado para seguir la senda de Balán, hijo de Bosor, a quien le encantaba el salario de la injusticia.* 16 *Pero fue reprendido por su maldad: su burra —una muda bestia de carga— habló con voz humana y refrenó la locura del profeta.*

Aquí Pedro los compara con el infame profeta Balán (lee su historia en Números 22-24). Al principio, Balán dijo que no pudo maldecir a Israel; solo pudo decir la palabra que Dios le dio. Pero entonces el rey Balac le pagó y Balán maldijo a Israel. Es un ejemplo eterno de alguien que ha pervertido el servicio al Señor.

Con el enfoque en Balán, puedes pasar por alto algo importante aquí: estos falsos maestros y profetas empezaron por el camino recto, pero lo abandonaron. Lo más probable es que sean las riquezas y los placeres de la carne lo que los sedujeron.

[17] *Estos individuos son fuentes sin agua, niebla empujada por la tormenta, para quienes está reservada la más densa oscuridad.*

- Fuentes sin agua. Todo es por apariencia. Prometen algo refrescante y su palabra suena bien, pero todo está vacío. Nunca cumplen lo que prometen.
- Niebla empujada por la tormenta. Neblina que puede verse, pero que no produce lluvia; de hecho, hace que viajar sea peligroso. Son inestables y poco fiables.
- La más densa oscuridad está reservada para ellos. Como una neblina densa, recibirán una condenación severa.

[18] *Pronunciando discursos arrogantes y sin sentido, seducen con los instintos naturales desenfrenados a quienes apenas comienzan a apartarse de los que viven en el error.*

- Pronuncian discursos arrogantes e incoherentes. (NTV: *Se jactan de sí mismos con alardes tontos y sin sentido.*) Poca Palabra de Dios y mucho sobre sí mismos. Al final del culto, lo que al principio pareció impresionante te deja a pensar "¿Qué es exactamente lo que quería decir y qué tiene que ver con mi vida en Cristo?"
- Seducen con instintos naturales desenfrenados. (NTV: *Saben cómo apelar a los deseos sexuales pervertidos.*)
- Su blanco es quien apenas está empezando en la vida cristiana.

[19] Les prometen libertad, cuando ellos mismos son esclavos de la corrupción, ya que cada uno es esclavo de aquello que lo ha dominado.

¿Eres un esclavo? Aquí Pedro repite lo que Jesús dijo (*Les aseguro que todos los que pecan son esclavos del pecado*, Juan 8:34) y Pablo dijo (*¿Acaso no saben ustedes que, cuando se entregan a alguien para obedecerlo, son esclavos de aquel a quien obedecen? Claro que lo son, ya sea del pecado que lleva a la muerte, o de la obediencia que lleva a la justicia*, Romanos 6:16). Tú eres esclavo de lo que te ha dominado. ¿Qué te domina?

Muchos creen que el cristiano carece de libertad y te prometen libertad para vivir como quieras. Pero en realidad, ellos son esclavos de la corrupción. Eres un esclavo de lo que te controla.

Mejor que nunca conocieron al Señor

[20] Si, habiendo escapado de la contaminación del mundo por haber conocido a nuestro Señor y Salvador Jesucristo, vuelven a enredarse en ella y son vencidos, terminan en peores condiciones que al principio. [21] Más les hubiera valido no conocer el camino de la justicia que abandonarlo después de haber conocido el santo mandamiento que se les dio. [22] En su caso ha sucedido lo que acertadamente afirman estos proverbios: «El perro vuelve a su vómito», y «la puerca lavada, a revolcarse en el lodo».

Aquí lo vemos claramente: ellos conocían a Jesús, conocían el camino de la justicia, sabían la Palabra de Dios y habían escapado de la contaminación del mundo. Sin embargo, son seducidos por los placeres del mundo. Empieza a menudo con algo pequeño, pero fácilmente se enredan en la contaminación del mundo. Toman la decisión de abandonar al Señor y lo que conocían. En este caso, parecen permanecer en la iglesia, posiblemente con un ministerio muy visible, conocidos como profetas, pero son derrotados por el enemigo y por su propio pecado. Son algunos de los ministros más efectivos del diablo.

Pedro hace una declaración alarmante: es mejor nunca conocer a Cristo ni el camino de la justicia que conocerlo y abandonarlo. Quizás conoces a algunos creyentes descarriados que lo confirman. Hebreos 6:4-8 dice algo similar:

Es imposible que renueven su arrepentimiento aquellos que han sido una vez iluminados, que han saboreado el don celestial, que han tenido parte en el Espíritu Santo y que han experimentado la buena palabra de Dios y los poderes del mundo venidero, y después de todo esto se han apartado. Es imposible, porque así vuelven a crucificar, para su propio mal, al Hijo de Dios, y lo exponen a la vergüenza pública.

Cuando la tierra bebe la lluvia que con frecuencia cae sobre ella, y produce una buena cosecha para los que la cultivan, recibe bendición de Dios. En cambio, cuando produce espinos y cardos, no vale nada; está a punto de ser maldecida, y acabará por ser quemada.

La amenaza de los falsos profetas y maestros en la iglesia es más real que nunca.

12

Cristo viene pronto

2 Pedro 3

Queridos hermanos, esta es ya la segunda carta que les escribo. En las dos he procurado refrescarles la memoria para que, con una mente íntegra, [2] recuerden las palabras que los santos profetas pronunciaron en el pasado, y el mandamiento que dio nuestro Señor y Salvador por medio de los apóstoles.

El propósito de la carta

En griego, este capítulo empieza simplemente con "Amados". Su corazón está lleno de amor y ya ha compartido lo que más lo carga; ahora hace una pausa antes de retomar lo más importante que quiere comunicarles. No reclama una revelación nueva; de hecho, Pedro dice que ya tenemos toda la revelación que necesitamos. Su propósito en las dos cartas ha sido:

- Refrescar la memoria (somos cortos de memoria). RVR dice despertar *con exhortación*. Ya recibieron la sana doctrina; Pedro quiere recordarlos para refutar a los falsos maestros.
- Tener una mente íntegra (NTV: *estimularlos a que sigan pensando sanamente*, DHH: *hacerlos pensar rectamente*). Frente a toda la falsa doctrina, es importante que piensen sanamente y no se dejen engañar por la emoción.
- Recordar las palabras de las Escrituras. Lo más importante, cuando hay herejía y falsa doctrina, es volver

a las Escrituras, estudiarlas y evaluar la nueva enseñanza a la luz de ellas.

Pedro iguala las palabras de los profetas del Antiguo Testamento con las de Jesucristo, registradas por los apóstoles. El Nuevo Testamento ya estaba en las primeras etapas de su formación. ¿A qué mandamiento de Jesús se refiere? Puede ser el nuevo mandamiento de amarnos unos a otros, como Cristo nos ha amado, o bien todas las enseñanzas de Jesús.

Los escritos de los profetas no eran solo para Israel en ese entonces; también nos enseñan mucho hoy. ¿Cuánto has leído, estudiado y meditado sobre estos profetas?

Pedro ha hablado del pasado y de los problemas de estos creyentes en el presente; ahora hablará del futuro.

Gente burlona en los últimos días

*3 Ante todo, deben saber que en los últimos días vendrá gente
burlona que, siguiendo sus malos deseos, se mofará: 4 «¿Qué
hubo de esa promesa de su venida? Nuestros padres murieron, y
nada ha cambiado desde el principio de la creación».*

Ellos deben prepararse para los últimos días. Si ya estuvieran en esos días, ¡imagínate a nosotros! Hay gente, incluso en las iglesias, que se cansa de escuchar acerca de la pronta venida de Jesús. Ya son cínicos; les parece que nada cambia a pesar de las supuestas "profecías" de que Jesús vendrá en tal o cual fecha.

- Vendrá gente burlona. ¿Has conocido a algunos?
- Siguen sus malos deseos (y, a menudo, malinterpretan la Biblia o citan alguna enseñanza que evita hablar de crucificar la carne y permite mucha "libertad" para pecar).

- Se mofarán y se burlarán de quienes creen la Biblia y sus promesas.

Nuestra creencia en el regreso de Jesucristo no es una doctrina opcional; es la base de nuestra esperanza y una promesa clara del Nuevo Testamento. Tenemos que vivir a la luz de su regreso.

[5] Pero intencionalmente olvidan que desde tiempos antiguos, por la palabra de Dios, existía el cielo y también la tierra, que surgió del agua y mediante el agua. [6] Por la palabra y el agua, el mundo de aquel entonces pereció inundado. [7] Y ahora, por esa misma palabra, el cielo y la tierra están guardados para el fuego, reservados para el día del juicio y de la destrucción de los impíos.

Estas son dos de las cosas que tienen que recordar: el poder de la palabra de Dios en la creación, y eventos como el gran diluvio. Esa misma palabra de Dios proclamará la destrucción de la tierra y del cielo. Los falsos maestros tienden a ignorar o cuestionar doctrinas básicas como la creación y el juicio. Pedro dice que lo hacen "*intencionalmente*".

Habrá un juicio en el que Dios juzgará a estos falsos maestros. El primer juicio será por agua; el venidero, por fuego.

Ten cuidado con la interpretación de *"la destrucción de los impíos"*. Siempre debemos examinar toda la Biblia y no formar doctrinas a partir de versos aislados. Hoy en día existe una corriente común llamada "aniquilacionismo", que afirma que el diablo, los demonios y todos aquellos que no han aceptado a Jesús serán simplemente destruidos. Pueden citar este verso 7 para respaldar esa enseñanza, pero hay muchas escrituras que hablan de un castigo eterno para los pecadores.

El recordatorio del poder de Dios en la creación, del juicio del mundo en el gran diluvio y del juicio venidero debe estimular a estos hermanos a pensar sanamente y a tener reverencia por Dios y por la verdad.

Dios quiere que todos se arrepientan

[8] Pero no olviden, queridos hermanos, que para el Señor un día es como mil años, y mil años como un día. [9] El Señor no tarda en cumplir su promesa, según entienden algunos la tardanza. Más bien, él tiene paciencia con ustedes, porque no quiere que nadie perezca, sino que todos se arrepientan.

En nuestra lucha con la duda y los falsos maestros respecto al regreso de Cristo, hay tres cosas importantes que recordar:

- Dios opera fuera de nuestra comprensión del tiempo. Lo que parece mucho tiempo para nosotros (como, digamos, mil años) no es nada para el Señor (es como un día).
- ¿Quiénes somos nosotros para decir que Dios es lento para cumplir su promesa?
- Dios es simplemente paciente con nosotros.

Aquí hay dos declaraciones muy importantes sobre la voluntad de Dios. Otra vez, tenemos que formar doctrinas a partir de *todas* las Escrituras, pero aquí dice explícitamente:

- Negativamente, Dios no quiere que nadie perezca.
- Positivamente, Él quiere que todos se arrepientan.

Cuando evangelizamos, estamos trabajando junto con Dios para llevar a todos los posibles al arrepentimiento. Dios nunca quiere enviar a nadie al infierno. La única razón por la que el Padre demora en enviar a Cristo al mundo es para dar a todos los posibles la oportunidad de ser salvos.

El día del Señor

[10] *Pero el día del Señor vendrá como un ladrón. En aquel día los cielos desaparecerán con un estruendo espantoso, los elementos serán destruidos por el fuego, y la tierra, con todo lo que hay en ella, será quemada.*

No estamos hablando solo de una renovación de esta tierra, ni de un reino establecido en lo que hoy es Israel. Todos los animales, las personas y todo lo demás en esta tierra serán quemados. "Los elementos" pueden ser estrellas y otros objetos celestiales, o bien elementos como aire, agua, fuego y oxígeno. La destrucción del mundo no será un proceso que dure meses o años, sino que desaparecerá con un estruendo espantoso. Siempre hay gente que piensa en una explosión nuclear u otra explicación para esta destrucción, pero es peligroso adivinar cosas tan importantes. Claro que es alarmante pensar en esta destrucción, pero tenemos la certeza de que nuestro futuro está en manos de Dios.

Lo que sabemos es que Cristo vendrá como un ladrón, en una hora inesperada. Cuídate de quienes quieren fijar una fecha para la venida de Cristo. Como dijo el mismo Jesús: *Así mismo deben ustedes estar preparados, porque el Hijo del hombre vendrá cuando menos lo esperen* (Lucas 12:40).

Cómo vivir a la luz de su venida

[11] *Ya que todo será destruido de esa manera, ¿no deberían vivir ustedes como Dios manda, siguiendo una conducta intachable* [12] *y esperando ansiosamente la venida del día de Dios? Ese día los cielos serán destruidos por el fuego, y los elementos se derretirán con el calor de las llamas.* [13] *Pero, según su promesa, esperamos un cielo nuevo y una tierra nueva, en los que habite la justicia.* [14] *Por eso, queridos hermanos, mientras esperan estos*

acontecimientos, esfuércense para que Dios los halle sin mancha y sin defecto, y en paz con él.

No hay que temer, sino:

- Esperar ansiosamente la venida de ese día. Mantener esta verdad en mente.
- Esperar un cielo nuevo y una tierra nueva, mucho mejores que el cielo y la tierra actuales.
- La justicia habitará en esa tierra nueva.
- DHH dice: *hagan lo posible por apresurarla*, algo que se perdió en la traducción de la NVI. Las misiones, la evangelización y la preparación del Cuerpo de Jesús: todos pueden acelerar su venida.

Entonces, la gran pregunta: ¿Es este evento tan importante en tu mente, en primer plano? ¿O es solo algo genial en lo que piensas de vez en cuando, mientras estás totalmente involucrado en la vida cotidiana? ¿Estás involucrado en algo solo para apresurar su llegada?

A la luz de esto, debemos tener temor y reverencia hacia Dios.

- Vivir como Dios manda.
- Seguir una conducta intachable.
- Esforzarte para que Dios te encuentre sin mancha ni defecto.
- Esforzarte por estar en paz con Dios.
- DHH: *¡con cuánta santidad y devoción deben vivir ustedes!*

Estas cosas, y no interminables conjeturas sobre los detalles del fin, deben ocupar nuestras mentes y nuestro tiempo. ¿Cómo te va con ellas?

Pablo

[15] *Tengan presente que la paciencia de nuestro Señor significa salvación, tal como les escribió también nuestro querido hermano Pablo, con la sabiduría que Dios le dio.* [16] *En todas sus cartas se refiere a estos mismos temas. Hay en ellas algunos puntos difíciles de entender, que los ignorantes e inconstantes tergiversan, como lo hacen también con las demás Escrituras, para su propia perdición.*

Esta es una referencia muy interesante sobre Pablo. Está claro que Pedro respeta a Pablo (aunque no tenían una comunión muy íntima) y reconoce que Dios le ha dado sabiduría. Los dos apóstoles están de acuerdo en estos temas: la venida de Cristo y una vida santificada. Al mismo tiempo, Pedro reconoce que es difícil entender algunas cosas que Pablo escribió, lo que ha permitido que algunos de estos falsos maestros las distorsionen.

Una nota importante (e impresionante, tan temprano en la historia de la iglesia): Pedro habla de las cartas de Pablo y "*las demás Escrituras*", otorgándoles a esas cartas el mismo estatus que el del Antiguo Testamento.

Últimos consejos

[17] *Así que ustedes, queridos hermanos, puesto que ya saben esto de antemano, manténganse alerta, no sea que, arrastrados por el error de esos libertinos, pierdan la estabilidad y caigan.* [18] *Más bien, crezcan en la gracia y en el conocimiento de nuestro Señor y Salvador Jesucristo. ¡A él sea la gloria ahora y para siempre! Amén.*

Estos hermanos tienen una responsabilidad, ya que no pueden alegar ignorancia, sino que han recibido esta enseñanza. Hay varias cosas que ellos (y nosotros) tenemos que hacer:

- Mantenerse alerta.

- Si no están alertas, pueden ser arrastrados por el error de los "libertinos"
- Si eso sucede, pueden perder la estabilidad y caerse.
- En el lado positivo, tienen que crecer en la gracia y en el conocimiento de Jesús.

www.ingramcontent.com/pod-product-compliance
Lightning Source LLC
Chambersburg PA
CBHW060114050426
42448CB00010B/1866

9781733655644